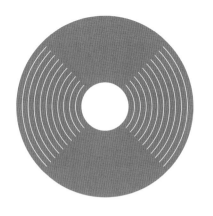

perspective
of leadership
research
in social
psychology
II

社会心理学における
リーダーシップ研究の
パースペクティブII

坂田桐子［編］
Sakata Kiriko

ナカニシヤ出版

られることとなり，出版計画は一時ストップした。しかし，リーダーシップ研究は刻一刻と進化・発展しているため，あまり期間を置くと動向を把握し損ねる恐れがある。そこで，一昨年から第2巻の構成を再検討し，第1巻と異なる新たな執筆者にも加わっていただいたうえで，執筆を開始することとした。残念ながら，本書の編者・執筆者リストには闘病中の淵上先生のお名前はないが，本書が淵上先生なくして生まれなかったことは確実である。ここに記して深く感謝申し上げたい。また，ナカニシヤ出版の宍倉由高氏，山本あかね氏には，仕事の遅い編者を最大限にサポートしていただいた。ここに記して感謝申し上げたい。

2017年　8月

坂田桐子

はじめに

　『社会心理学におけるリーダーシップ研究のパースペクティブⅠ』を出版してからあっという間に9年が経ってしまった。この間のリーダーシップ研究の発展については本書で詳しく解説するが，日本社会にも大きな動きがあった。長時間労働に対する問題意識が高まったことにより，根性に頼った力任せの働き方ではなく，健全でありながら効率よく創造的に働ける方法に関心が集まるようになった。女性活躍推進法が制定されるとともに，「ダイバーシティ」という言葉がそこかしこで聞かれるようになった。チームの重要性が強調され，リーダーシップの共有が生産的な結果を生むことが知られるようになった。これらはいずれも，多様な知識や個性をもつ人々が対等に協力し合い，能力を活かして活躍できる社会を目指し，そのための環境を整えようとする動きが活発化していることを示すものと言える。しかしその一方で，組織の不祥事は相次ぎ，上司によるパワーハラスメントが問題視され，「忖度」という言葉が注目を浴びる事態も生じている。このような近年の社会情勢は，「権力（勢力）の正しい使い方」について考えさせられる機会となっている。

　本書は，リーダーシップ研究の面白さと重要性を，社会心理学や組織心理学に関心をもつ研究者および学生に知っていただくことを目的としたシリーズの第2巻である。社会情勢を見る限り，勢力とリーダーシップに関する研究は，より一層必要とされているように思える。社会情勢の変化に伴って，あるいは変化を先取りして，有効なリーダーシップのあり方は常に見直される必要がある。そこに本書をシリーズで出版する意義があると考えている。できるだけ多くの方に，リーダーシップ研究の重要性と面白さを実感していただければ幸甚である。

　本シリーズは，2002年にリーダーシップ研究の大先輩である淵上克義先生から声をかけていただき，定期的な研究会を重ねるうちに誕生した。第1巻出版後まもなく，第2巻の構成を相談している最中に，淵上先生が闘病生活に入

目　次

1

 序章 リーダーシップ研究の近年の動向

坂田桐子

『社会心理学におけるリーダーシップ研究のパースペクティブⅠ』が発行されてから，既に9年が経とうとしている。この間のリーダーシップ研究の発展は目覚ましく，新たなリーダーシップ概念の出現や学際的な角度からのアプローチなどが登場している。本章では，この9〜10年間のリーダーシップ研究動向について概観する。

1. 最近のリーダーシップ研究のテーマ

Leadership Quarterly には，2014年に，2000年〜2012年のリーダーシップ研究動向を概観する論文が掲載された（Dinh et al., 2014）。この論文によると，表序-1に示すトップ10ジャーナルに，この12年間で掲載されたリーダーシ

表序-1　2000-2012年の間にトップジャーナルに掲載されたリーダーシップ研究論文数

ジャーナル	論文数
Academy of Management Journal	45
Academy of Management Review	8
Administrative Science Quarterly	30
American Psychologist	13
Journal of Applied Psychology	125
Journal of Management	30
Organizational Behavior & Human Decision Processes	30
Organizational Science	7
Personnel Psychology	22
Leadership Quarterly	442
Total number of articles	752

表序-2　2000-2012 年にトップ 10 ジャーナルに掲載されたリーダーシップ研究のテーマ別頻度

(Dinh et al., 2014 の Table 2 を筆者が改編)

既存の理論	度数	新しく登場した理論	度数
ネオ・カリスマ理論 (変革型, カリスマ的リーダーシップなど)	294	戦略的リーダーシップ (トップ・エグゼクティブ, パブリックリーダーシップなど)	182
リーダーシップと情報処理 (認知, 暗黙のリーダーシップなど)	194	チーム・リーダーシップ (チームと意思決定集団におけるリーダーシップ)	112
社会的交換 / 関係的リーダーシップ理論 (LMX, 関係的リーダーシップなど)	156	文脈的・複雑系パースペクティブ (文脈理論, 社会的ネットワーク理論など)	110
特性論 (特性理論, リーダーシップ・スキルなど)	149	リーダーの発生と開発 (リーダーシップ開発など)	102
リーダーシップとダイバーシティ (ダイバーシティ, 交差文化など)	81	倫理的 / 道徳的リーダーシップ理論 (倫理的リーダーシップ論, サーバント・リーダーシップなど)	80
フォロワー中心のリーダーシップ理論 (フォロワーシップなど)	69	創造性と変革のためのリーダーシップ (組織変革のリーダーシップなど)	72
行動論 (共有リーダーシップ, エンパワーメントなど)	64	アイデンティティ・ベースのリーダーシップ理論 (社会的アイデンティティ理論など)	60
コンティンジェンシー理論 (パス-ゴール理論など)	55	他の萌芽的アプローチ (情動とリーダーシップ, 破壊的リーダーシップなど)	101
リーダーシップの勢力と影響 (勢力, 影響戦略など)	52		

ップ研究の論文数は 752 編である。さらに，それらをテーマ別にカウントした
ものが表序 -2 である。表の左列は既存の確立された理論に関する諸研究，右
列は新しく登場し，増えつつある諸研究である。また，*Leadership Quarterly*
で 2010 年以降に特集されたテーマについても表序 -3 に示した。

　まず，表序 -2 の左列，既存の理論に関する諸研究を見ると，変革型リーダー
シップやカリスマ性などのネオ・カリスマ理論に関する研究が最も多いことが
読み取れる。次に，リーダーシップと情報処理，およびリーダー・メンバー交
換関係（LMX: Leader-Member Exchange）などの社会的交換理論も相変わら

表序-3　*Leadership Quarterly* で特集されたテーマ

特集タイトル	掲載巻号	発行年
ジェンダーとリーダーシップ	27 巻 3 号	2016
リーダーシップの集合的・ネットワークアプローチ	27 巻 2 号	2016
リーダーシップのアジアモデル	26 巻 1 号	2015
リーダーシップと情動	26 巻 4 号	2015
リーダー認知	26 巻 3 号	2015
外見とリーダーシップ	25 巻 5 号	2014
リーダーの統合性（integrity）	24 巻 3 号	2013
リーダーシップと個人差	23 巻 4 号	2012
リーダーシップの生物学	23 巻 2 号	2012
リーダーシップ発達の縦断研究	22 巻 3 号	2011
リーダーシップ発達評価	21 巻 4 号	2010
公的・統合的リーダーシップ	21 巻 2 号	2010

ず精力的に研究されていることが分かる。興味深いのは，特性とリーダーシップとの関係は強いとは言えないと結論づけた Stogdill（1948）以来，一旦は廃れたと思われていた特性論的アプローチの研究が，この 12 年間でむしろ増えていることである。この復活には，ビッグファイブ特性の同定などのパーソナリティ研究の発展や，メタ分析など統計的手法の進歩が関わっていると思われる（詳細は本書の第 3 章を参照）。さらに，リーダーシップとダイバーシティがそれに続いている。このカテゴリーには女性などマイノリティのリーダーシップやフォロワーの多様化，および交差文化的な視点からのリーダーシップ研究が含まれる。81 件という数は相対的に少ないように見えるかもしれないが，実際には表序-3 に示すように，*Leadership Quarterly* で 2015 年に「リーダーシップのアジアモデル」という特集が，2016 年には「ジェンダーとリーダーシップ」という特集が組まれており，ダイバーシティの視座からのリーダーシップ研究は，むしろ近年益々注目されるところとなっている。

　次に，表序-2 右列の新しく発展してきた理論を見てみよう。最も多いのは戦略的リーダーシップの研究である。このカテゴリーには，CEO やトップ・マネジメント・チームなど組織のトップ層によるリーダーシップが組織の成果に及ぼす影響を検討した諸研究が含まれる。次に多いのは組織における小集団

やチームレベルのリーダーシップに焦点を当てるチーム・リーダーシップ研究である。チーム・ビルディングやチーム学習を促進する手続き，チーム・パフォーマンスの決定因などに関する研究が含まれる。3番目に多い文脈的・複雑系パースペクティブのカテゴリーは，軍隊や教育場面など特定の文脈に焦点を当てた研究や，複雑系の概念をリーダーシップに応用した研究，また社会的ネットワークの視座による研究が含まれている。リーダーの発生と開発も，近年増大しているテーマの1つである。5番目に位置している倫理的／道徳的リーダーシップ理論は，実際にはこの集計の対象となっているトップ10ジャーナルではなく，*Journal of Business Ethics* などの専門誌に数多く掲載されており，もしそれらを含めるならばおそらくもっと多い数になると思われる。実際，PsycINFO において「Ethical leadership」をキーワードに含む Peer Reviewed Journal 論文を検索すると 176 件がヒットし，うち 149 件は 2010 年以降に発表されたものである（2016 年 10 月現在）。倫理的／道徳的リーダーシップは，2010 年以降，急激に研究が進展しているテーマであると言えよう。

　表序-3 からは，情動や認知といった基礎的過程に関する研究が進んでいる一方，リーダーシップの生物学（2012 年）や集合的・ネットワークアプローチ（2015 年）など，リーダーシップ現象へのアプローチが多様化していることが読み取れる。また，公的・統合的リーダーシップ（2010 年）は，複数の多様な組織や部門が協働して公益を生み出すためのリーダーシップについて特集されており，リーダーシップ過程を捉える視点がさらに拡張されていることがうかがえる。

　このような近年のリーダーシップ研究の注目すべき特徴として，次の4点を挙げておきたい。

［1］リーダーシップの「効果性」の拡張

　変革型リーダーシップ理論や LMX などの伝統的な理論に関する研究が継続される一方で，倫理的・道徳的リーダーシップや公的・統合的リーダーシップなど，新たなリーダーシップ概念が登場している。これは，リーダーシップの「効果性」や「成果」を捉える視点が拡張されたことを意味する。従来のリーダーシップ研究の多くは，フォロワーを動機づけ成長させること，効率よく生産

性を上げること，創造性を高めたり変革を導いたりすることなど，いずれも究極的には集団や組織の生産性を高めることに主な関心が向けられていたと言ってよいであろう。しかし，倫理的・道徳的リーダーシップは，フォロワーに倫理的に考えさせ，行動させることを目指すものであり，公的・統合的なリーダーシップは単一の組織を超えた公共の利益や価値を生み出すことを目指すものである。このような新たな概念の登場は，組織不祥事やパワーハラスメントの防止，組織を超えた公共的な問題解決の必要性といった社会のニーズに応じたものと考えられる。

［2］リーダーシップの影響の方向性の多様化

　2008年に出版された前書では，リーダーシップ研究の特徴の1つとして「リーダーシップの構造的側面への関心と影響の方向性の多様化」を挙げた。これは，近年のリーダーシップ研究が「1人の公式リーダーによる下方向への影響過程」に注目するにとどまらず，複数人で担われる共有リーダーシップや，リーダーとメンバーの二者関係の集団内分散に着目した研究が登場したことによる考察であった。この傾向は2008年以降も続いており，公的・統合的なリーダーシップのように単一の組織や部門を超えて，他の組織や部門への影響も考慮したリーダーシップ概念が登場している。また，分担型リーダーシップや集合的リーダーシップについても，その研究数は確実に増えている。たとえば，2010年には *Journal of Personnel Psychology* においても「新しい形のマネジメント」というタイトルで共有・分担型リーダーシップが特集された（第9巻4号）。この傾向は当分続くものと予想される。

［3］リーダーシップの分析視点の多様化

　また，リーダーシップの分析視点も，個人レベル，二者関係レベル，集団レベル，および組織レベルまで多岐にわたっており，複数のレベル間の相互影響を考慮する重層的な観点からのアプローチが増えている。前書ではHLMなどの集団レベルを考慮した統計手法を紹介したが，現在ではマルチレベル分析がリーダーシップ研究の主流になりつつある。また，時間的な点でも，因果関係を特定できる縦断研究が増大しているように思える。統計分析手法の発展とと

もに，リーダーシップ現象の分析視点もより複雑かつ高度なものになっている。

［4］リーダーシップ研究の学際化

　認知や情動の観点からリーダーシップ現象にアプローチする視点は，現在も
なお発展を続けている。たとえば，リーダーの自己制御や情動表出，情動調整
戦略，およびリーダーとフォロワー間の情動伝染のメカニズムなど，興味深い
アプローチが散見される。また，リーダーシップ現象に対してネットワーク理
論や複雑系理論が適用されるだけでなく，表序 -3 に示すように，進化心理学や
行動遺伝学の観点からの研究も登場し始めている（特集：リーダーシップの生
物学）。このようにさまざまな分野からのリーダーシップ研究の知見が統合さ
れたとき，リーダーシップ現象の新たな側面が見えてくることが期待される。

2.　本書の構成

　本書は，表序 -2 や表序 -3 に見られるような近年注目されているトピックを
網羅的に取り上げるのではなく，特に注目すべき 9 つのトピックを取り上げ，
各章で詳細に紹介するという構成になっている。取り上げたトピックは，リー
ダーシップの心理的基盤に関わるもの（第Ⅰ部），集団内で発揮されるリーダー
シップの形態の多様さを示すもの（第Ⅱ部），および特に現代の日本社会におい
て関心が向けられていると考えられるもの（第Ⅲ部）である。

　まず，第Ⅰ部では，リーダーシップの心理的基盤として，勢力（第 1 章），感
情（第 2 章），個人特性（第 3 章）を取り上げる。感情は前書でも取り上げた
トピックであるが，近年も精力的に研究知見が蓄積されており，この 9 年間で
新たな発展が見られる。また，前節でも述べたとおり，リーダーシップ研究に
おける個人特性の効果については，近年盛んに再検討されている。しかし，表
序 -2 を見ると，「リーダーシップの勢力と影響力」は左列の最下位に位置して
おり，なぜ今，「勢力」というトピックに注目するのか，疑問を感じる読者もい
るかもしれない。

　表序 -1 のトップ 10 ジャーナルに掲載されている勢力・影響力関係の研究は
確かに少ないかもしれないが，社会心理学の専門誌では，近年，勢力研究が急

増している。特に 2000 年代以降，勢力が勢力保持者自身にどのような影響を及ぼすのかについて，いくつかの新たな勢力理論が確立されてきた。これらの理論は，勢力保持者が社会的規範の圧力から自由になり，注意を自己の目標や内的状態に向け（Galinsky et al., 2008），低勢力者の欲求や意見を軽視しやすくなること（e.g., Gruenfeld et al., 2008）などを示している。多くの場合，リーダーは何らかの勢力を保持していることを考慮すると，勢力の効果を理解することは，リーダーの変革行動や非倫理的行動の発生メカニズムを理解するうえで不可欠であると考えられる。そのため，本書では，第 1 章で近年の勢力理論を紹介することとした。

　第Ⅱ部では，交換関係としてのリーダーシップ（第 4 章），サーバント・リーダーシップ（第 5 章），共有されるリーダーシップ（第 6 章）に焦点を当てる。これらのトピックはいずれも，1 人の公式リーダーによるトップダウン型のリーダーシップとは異なる新しい形態のリーダーシップ，またはリーダー・メンバー関係を扱っている。リーダーとメンバーの交換関係および共有されるリーダーシップは，いずれもこの 10 年間で精力的に研究され続けてきたトピックであり，リーダーシップの構造的側面とその機能に対する理解を深めてくれるものである。サーバント・リーダーシップは，「リーダーシップ」という概念とは対極の「サーバント」という言葉が示すように，従来のリーダーシップとは目標達成への導き方が大きく異なるリーダーシップであり，やはり過去 10 年間で急速に実証研究が蓄積されてきた理論である。第Ⅱ部は，読者にリーダーシップ概念の再考と精緻化を迫るものになるであろう。

　第Ⅲ部は，特に現代の日本社会において関心の高いトピックであるダイバーシティ（第 7 章）および倫理性と破壊性（第 8 章）に焦点を当てる。日本の組織では，近年特に組織のメンバーの多様化に注意が向けられ，ダイバーシティという言葉が周知されるようになった。リーダーの性別や民族についての研究はすでに数多く蓄積されており（cf., Ayman & Korabik, 2010; 坂田, 2002），その関心は現在でも衰えていないが，さらに近年ではメンバーのダイバーシティ，すなわち多様な属性をもつメンバーで構成される集団の運営に関心が向けられている。既に欧米では，集団メンバーのダイバーシティとパフォーマンスの関係に関する膨大な知見が蓄積されているが，日本ではそのような研究は多くな

い。本書では，ジェンダーや民族といった特定のマイノリティ集団に焦点を当てるのではなく，主として欧米で展開されてきたダイバーシティ研究の知見を概観し，多様なメンバーで構成される集団にどのようなリーダーシップが必要なのかを考える。リーダーの倫理性と破壊性に関する研究も，現在急速に増えつつある発展途上のトピックである。集団に悪影響を及ぼすリーダーの破壊性とフォロワーを倫理的にするために発揮される倫理的リーダーシップはそれぞれ独立した概念であるが，リーダー自身の倫理性が深く関わっているという点では共通している部分もある。このトピックにおける現在までの主な知見を概観し，組織・集団を有効かつ倫理的に導くのにリーダーは何をすべきなのかを考えたい。

　この『社会心理学におけるリーダーシップ研究のパースペクティブ』は，リーダーシップ現象に社会心理学的な観点からアプローチすることの有用性，および社会心理学研究のテーマとしてのリーダーシップ研究の面白さを，幅広い読者に知ってもらいたいという動機から始まったシリーズである。各章の執筆者は，いずれも社会心理学および産業・組織心理学の分野で活躍する研究者であり，各章の最後でそれぞれの視点からのパースペクティブが示される。本書を読んだ読者に，社会心理学的な観点からのリーダーシップ研究の有用性とアカデミックな面白さを感じていただければ幸甚である。

引用文献

Ayman, R., & Korabik, K. (2010). Leadership: Why gender and culture matter. *American Psychologist, 65* (3), 157-170.

Dinh, J. E., Lord, R. G., Gardner, W. L., Meuser, J. D., Liden, R. C., & Hu, J. (2014). Leadership theory and research in the new millennium: Current theoretical trends and changing perspectives. *Leadership Quarterly, 25*, 36-62.

Galinsky, A. D., Magee, J. C., Gruenfeld, D. H., Whitson, J., & Liljenquist, K. (2008). Power reduces the press of the situation: Implications for creativity, conformity, and dissonance. *Journal of Personality and Social Psychology, 95*, 1450-1466.

Graen, G. B., & Uhl-Bien, M. (1995). Relationship-based approach to leadership: Development of leader-member exchange (LMX) theory of leadership over 25 years: Applying a multi-level multi-domain perspective. *Leadership Quarterly, 6*, 219-247.

Gruenfeld, D. H., Inesi, M. E., Magee, J. C., & Galinsky, A. D. (2008). Power and the objectification of social targets. *Journal of Personality and Social Psychology, 95,* 111-127.

坂田 桐子 (2002). リーダーシップ過程における性差発現機序に関する研究　北大路書房

Stogdill, R. M. (1948). Personal factors associated with leadership: A survey of the literature. *Journal of Psychology, 25,* 35-71.

第Ⅰ部

リーダーシップの心理的基盤

◆1 勢力と地位

鎌田雅史

　勢力とは，個人の態度・価値・行動におけるあらゆる心理的変化を喚起する社会的影響を規定する潜在的な影響力を意味する（French & Raven, 1959）。Russell（1938）は「物理学におけるエネルギー概念に相当し，社会科学領域の基盤となる概念である」とすることで勢力概念の須要性を指摘した。またFoucault（1982）は「勢力（Power）は，あらゆる空間に存在する」と，その遍在性を指摘している。

　ところが，リーダーシップ研究において社会的影響は中心的テーマであるにもかかわらず，勢力について明示的には，十分に言及されてこなかった（Overbeck, 2010）。しかし20世紀の終わりから近年にかけて，認知過程や集団プロセスに関する近接領域の目覚ましい発展を受け，革新的な勢力理論が次々と提唱され，リーダーシップ研究における勢力理論の適用範囲は確実に，そして急速に拡大しつつある（Brauer & Bourhis, 2006）。

　本章の目的は，勢力研究の変遷を概観し，近年の理論的発展を俯瞰し，今後のリーダーシップ研究における役割と可能性について検討することである。

1. 全般的動向

［1］「勢力」の視座

1）勢力の定義と視座の多様性

　勢力の概念は，心理学のみならず，社会学や政治学の領域において発展してきた。勢力の捉え方には，さまざまな立場が存在し一律に定義することが困難である。多様な視座から複眼的に諸側面を捉えながら体系化する試みが求めら

れる（Overbeck, 2010）。

　最も素朴には，勢力は「意図した効果を生み出す能力（Russell, 1938）」と定義される。個人が望ましい出来事を引き起こしたり，望ましい成果を収めたりすることができるとしたら，その人物は勢力を有していると言える（Overbeck, 2010）。勢力を潜在的な影響力として定義とする見解は一般的である。しかし，細部を覗いてみると研究者間で大きな視座の相違が存在する。

　第一に，勢力と階層的な位置との関係についてである。Weber（1947）は勢力を，「社会的関係の中にある特定の行為者が，抵抗に左右されずに個の意思を実現する位置（Position）にいる見込みであり，その源泉を問わない」と定義している。この視座から派生する影響力とは一種の搾取可能な強制力や支配力を意味し，勢力とは特権を有する位置に基づく権力である。歴史学者である Acton（1865）が，「Power tends to corrupt, and absolute power corrupts absolutely.（権力は腐敗する，絶対的権力は絶対に腐敗する）」と格言を残したように，しばしばこの種の勢力（権力）は冷淡で「汚らわしい」イメージを伴う場合がある（Dépret & Fiske, 1993）。一方で，階層に基づく勢力は，特権を占有するための自己奉仕的な権力闘争から派生するのではなく，集団や社会が，秩序をもって自らを統治し集団全体で価値づけられた成果を得るための必要性から派生するのだという見解も存在する（Parsons, 1967）。Overbeck（2010）は，勢力の機能的側面（functionalist perspectives）から，集団は本質的に成員間の協調や活動の体系化が必要であり，その方向性を定め集団全体に利益をもたらす目的で，少数の個人に勢力が「投資」されると言及している。勢力の機能的側面からは，階層的な位置から生じる特権は絶対的でなく，集団成員による合意性と，集団の要求を満たし得る勢力保持者の有能性や献身的側面に焦点化される。このような視点は，特異性クレジット理論などに認められる（Hollander, 1958）。合意に基づき階層的な特権を付与され得るのは，有能で集団の利益を最大化するリーダーである。最後に，勢力と階層的な位置の関係に関する第 3 の見解が近年指摘されるようになってきた。従来では位置が前提となって勢力や影響力が派生すると考えられてきたが，新しい勢力の視座に基づけば集団の形成過程で影響力が派生した結果として勢力や階層が形成される。ここでは，階層的位置関係や，（潜在的）葛藤状態を前提としない勢力観が生み

だされている（Turner, 2005; Simon & Oakes, 2006）

　また，勢力の源泉と影響プロセスとの関連に関しても研究者間に相違が認められる。Weber（1947）による定義では勢力の源泉は問題とされない。同様の見解は，Kipnis（1972）や Fisk & Dépret（1996）など，主に勢力が生起する影響プロセスを実験的に検討しようとするアプローチの中に認められる。これらの研究が明らかにしてきたのは，主に権力や階層に基づく影響プロセスである。一方で French & Raven（1959）を源流とする勢力資源論では，異なる資源より派生する勢力は，異なる影響プロセスを生起するという可能性について指摘してきた（e.g., Kelman, 1958; Petty & Cacioppo, 1986）。勢力資源による影響プロセスの多様性を検証しようという見解は，主に調査的アプローチの中で発展し，影響者・被影響者の認知的側面に焦点化してきた（Yukl, 2013）。

　最後に，他者をコントロールするための勢力（power over others）と，他者に依存せずに自分自身の活動を主体的に行うための勢力（power to achieve）の弁別性について取り上げる（Simon & Oakes, 2006）。従来，他者をコントロールするための勢力を獲得しようとする動因は人の本質であるという見解が広く支持されてきた（Kipnis, 1972; Lee-Chai & Bargh, 2001; Fisk & Dépret, 1996）。しかし，Van Dijke & Poppe（2006）は2度の実験的調査に基づき，人が求めているのは支配ではなく独立のための勢力であるという見解を示した。彼らは，支配欲求を所与としてきた先行知見の多くが，自己統制の視点から読み替え可能であるとしている。Simon & Oakes（2006）は，他者の運命のコントロール（fate control; outcome control）に着目した Fisk & Dépret（1996）による勢力の定義を批判し，被影響者の自由で自発的な「エネルギーの注入（Input）」に着目すべきであると主張している。Fisk & Dépret（1996）と Simon & Oakes（2006）の見解の違いは，勢力そのものに対する視座の相違から派生している。

2）リーダーシップ研究における勢力の位置づけ

　Yukl（2013）は，「リーダーシップの本質は影響である」と指摘する。リーダーシップに関わる現象はリーダーとフォロワーの相互影響過程であり（淵上, 2002），有効なリーダーは，要求事項を実行し，提案の支持を得て，フォロワーを動機づけ，決定事項を遂行し，情報を収集し，関係を調整する必要がある。

勢力理論は，いかにリーダーが上司・同僚・部下もしくは外部者に対して影響力をもち得るのかについての基礎理論を提供してきた。

ところで，勢力研究は，主に影響者と被影響者という二者関係における影響過程に着目してきた（Brauer & Bourhis, 2006）。勢力研究における主要なテーマとして今井（1993）は，（a）勢力を測定するための尺度作成に関する研究（淵上, 2008; Hinkin & Schriesheim, 1989; Nesler, Aguinis, Quigley, Lee, & Tedeschi, 1999），（b）影響手段（influence strategy, influence tactics, compliance-gaining strategy）に関する研究（淵上, 2008; Kipnis, Schmidt, & Wilkinson, 1980; 今井, 1996; Raven, Schwarzwald, & Koslowsky, 1998; Yukl, 2013），（c）影響動機（Winter, 1973）を中心に社会的影響行動を明らかにしようとする研究，（d）勢力保持者の認知的変化に焦点を当てた研究（Kipnis, 1972; Keltner, Gruenfeld, & Anderson, 2003; Fisk & Dépret, 1996; Guinote, 2010），（e）社会的影響をモデル化しようとする研究（淵上, 2008; Barry, 2001; Farmer & Aguinis, 2005; Raven, 1992, 2001）の5領域を挙げている。

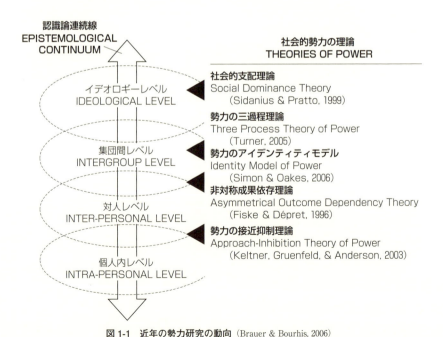

図 1-1　近年の勢力研究の動向（Brauer & Bourhis, 2006）

　さらに近年では，勢力理論は従来の枠組みを超え，個人内レベル，集団間レベル，さらにはイデオロギーレベルという連続線上に広がりを見せ，実証的に研究がなされつつある（図1-1）。本章は以降で勢力研究の動向と近年生成されてきた勢力理論について取り上げる。

2. 社会心理学における勢力理論の源流

［1］資源依存理論（resource dependence theory）
1）勢力資源
　心理学研究において，「潜在的」な影響力である勢力を定量的に測定または，実験的に操作することには困難が伴う（Fisk & Dépret, 1996）。多くの研究者は，勢力を検証するために，「潜在性」の源泉を明確化しようと試みてきた。また実践的な立場から勢力の源泉を解明することは，有効なリーダーシップを発揮するための社会的文脈の解明を意味していた（Haslam, Reicher, & Platow, 2011）。
　French & Raven（1959）は，勢力の源泉として5つの資源（報酬，強制，正当性，準拠性，専門性）を提唱した。さらに Raven（1965）は，伝達されるメッセージそのものがもつ情報力を第6の資源と考えた。French & Raven（1959）は物理学における「位置エネルギー」にたとえて勢力を「潜在的な影響力（potential influence）」，「運動エネルギー」にたとえて影響を「運動している勢力（kinetic power）」とすることで理論化しており，被影響者の心理的変化を引き起こす潜在力の最大量から（潜在的な）抵抗力の最大量を減じることによって，二者間の勢力関係を捉えるアプローチを提唱した。勢力は，被影響者にとって貴重で，しかも影響者との関係以外からは得られないと認知される資源を影響者が掌握する程度において規定される。French & Raven（1959）は，被影響者の認知的側面を強調しており，被影響者が資源への依存関係を認める限りにおいて勢力は成立する。French & Raven（1959）に端を発する勢力資源論は，多くの研究者に支持され，最も影響力のある理論の1つとなった。その妥当性は繰り返し検証され（Carson, Carson, & Roe, 1993），この理論を拡張する形で多くの理論が生成されてきた（Dépret & Fisk, 1993; Keltner et al., 2003）。さらに行動レベルで「潜在力」を有効に行使する方略といった関心から，

影響戦術に関する研究が発展してきた（cf., 淵上, 2008）。

2) 勢力資源による影響プロセス

　French & Raven（1959），Raven（1965）による 6 つの資源に由来する影響は，異なるプロセスを生起し得る。たとえば Raven（1992）は，情報勢力による影響は Petty & Cacioppo（1986）が提唱する精緻化見込みモデルでの，精査を伴い態度変容を引き起こす「中心ルート」に関連する一方で，その他の勢力認知は自動的な情報処理による「周辺ルート」に関連すると指摘している。同様に，Kelman（1958）の影響プロセスに関して，道具的追従と報酬勢力や強制勢力との関連，内面化と情報勢力との関連，および同一視と準拠勢力との関連が示唆されてきた（Yukl, 2013）。さらに，フォロワーの認知的アプローチから（迫田, 2008; Lord & Maher, 1991），フォロワーの自己概念に基づいて対人影響の成果を予測する体系的なアプローチも試みられている（Farmer & Aguinis, 2005）。

　Yukl & Falbe（1991）は，勢力資源を階層的位置に基づく勢力（position power）と，個人に基づく勢力（personal power）に分類している。階層的位置に基づく勢力とは，組織の階層的権限に由来する勢力であり，正当勢力，強制勢力，報酬勢力が含まれる。また French & Raven（1959）に含まれていない勢力資源として，組織マネジメントの立場から組織内の情報の流れを統括する権限，組織の物理的環境や役割配置をコントロールする権限なども，階層的位置に基づく勢力として含まれる。個人に基づく勢力とは，特定の事項に対する専門性，習熟度，対人関係における友好性や信頼関係，忠誠等から派生する勢力であり，準拠勢力や専門勢力が含まれる。Peiró & Meliá（2003）は，階層的位置に基づく勢力をフォーマル勢力（formal power），個人に基づく勢力をインフォーマル勢力（informal power）とし，（a）フォーマル勢力には正当勢力，強制勢力，報酬勢力が含まれ，インフォーマル勢力には準拠勢力と専門勢力が含まれること，（b）フォーマル勢力は，社会・集団の階層的な構造と関連すること，（c）二者関係においてフォーマル勢力は，一方が有すると他方はそれに依存する非対称的な関係であるのに対し，インフォーマル勢力は相互的な特性をもっていること，（d）葛藤解決においてインフォーマル勢力が有効であること，を明らかにした。

　個々の勢力の効果性をメタ分析によって包括的に検証した研究として，Carson, Carson, & Roe（1993）が挙げられる。彼らは，上司による勢力資源の所持に関する部下の認知と，職務満足度や管理に対する部下の満足度との関連を検証した。その結果，専門勢力や準拠勢力とは正の，強制勢力とは負の相関が認められた。同様に部下のパフォーマンスとの関連については，専門勢力と正，強制勢力と負の相関が確認された。正当勢力，報酬勢力については一定の関係が認められなかった。この点について Carson et al.（1993）は，報酬勢力や正当勢力に関する操作的定義が，研究者ごとに異なることに起因していると考察した。

3）勢力資源の新たな展開

　Raven（1992）は，先行研究間の操作的定義の違いやそれに伴う研究知見の比較の困難さを克服しようと，より網羅的で詳細な勢力資源の再定義を試みている（Power Interaction Model）。彼は，第1に報酬勢力および強制勢力を組織・集団から派生する実質的な賞罰に関するもの（impersonal

表 1-1　**社会的勢力資源の 14 分類**（Raven, 2001 を一部改変して邦訳）

勢力資源	詳細な分類	概要（例）
罰（強制）coercion	個人的でない罰（impersonal coercion）	減給，懲戒
	個人的な罰（personal coercion）	個人的な非承認
報酬 reward	個人的でない報酬（impersonal reward）	報償，昇給，昇進
	個人に基づく報酬（personal reward）	個人的な承認
正当性 legitimacy	公式的な役割に基づく正当性（formal legitimacy）	公式的な役割による命令
	互恵性に基づく正当性（legitimacy of reciprocity）	好意への返報
	平等性に基づく正当性（legitimacy of equity）	損害への埋め合わせ
	依存性に基づく正当性（legitimacy of dependence）	弱者の勢力
専門性 expert	肯定的な専門性（positive expert）	専門知識，専門技術
	否定的な専門性[T]（negative expert）	不信，猜疑心
準拠性 referent	肯定的な準拠性（positive referent）	尊敬，同一視
	否定的な準拠性[T]（negative referent）	反面教師，嫌悪
情報 information	直接的な情報（direct information）	議論，説明
	間接的な情報（indirect imfomation）	提案，相談策定力

添え字の T は，対象者の視点からの社会的勢力。

reward/coercion）と，社会的承認のような個人的関係に派生する心理的な
賞罰（personal reward/coercion）に弁別した。第2に正当勢力について公
式的な役割に基づく正当性（formal legitimacy），互恵性規範に基づく正当性
（legitimacy of reciprocity），平等性に基づく正当性（legitimacy of equity），依
存性に基づく正当性（legitimacy of dependence）に細分化した。第3に専
門勢力と準拠勢力について被影響者の認知の立場から肯定的に受け取られる
もの（positive expert/referent）と，否定的に受け取られるもの（negative
expert/referent）に弁別している。否定的な専門勢力とは，専門性により作為
的に操作されているのではないかという対象者の不信や猜疑心から生じる。否
定的な準拠勢力は，対象者が影響者のことを嫌っていたり，半面教師として
いたりするような文脈において生じる。いずれも影響者が意図しない形で影
響力を生起する。最後に情報勢力について，直接的な議論や説明に基づく情
報勢力（direct information）と，相談により意思決定を引き出したり巧みに
情報提示を行ったりすることによって生み出される間接的な情報勢力（indirect
infomation）に弁別した（表1-1）。Raven, Schwarzwald, & Koslowsky（1998）
は，これら14種類の勢力に基づき影響戦術の測定尺度を開発し，概念構造の妥
当性の検証や，高次因子分析に基づくハード，ソフトというメタカテゴリカル
な行動分類を試みている（cf., 淵上, 2008）。

［2］資源依存理論の可能性と課題

　勢力資源論は特に二者間係において，多様かつ希少な勢力資源をいかに有
効活用し，蓄積し，影響力を発揮していくかという文脈で多くの示唆を有す
る。たとえば実践的なリーダーシップの立場からYukl（2013）は，勢力資源
の活用に関するガイドラインを示している。しかし資源依存論には，幾つかの
適用可能範囲の限界が指摘されている（Turner, 2005; Simon & Oakes, 2006;
Overbeck, 2010）。たとえば，集団間や個人内の影響過程についての知見が不
十分であること，資源に対する依存関係が想定しにくい状況（最小集団パラダ
イム等における対人影響力など）での影響を説明することが難しいこと，資源
を掌握する優勢な立場からの影響力は説明できても資源が欠乏している立場か
ら発生する影響力を部分的にしか説明できないこと，潜在的な葛藤関係を前提

としているため合意に基づいた影響プロセスに理論適用が難しいことなどが挙げられる。以上のような疑問点に答えるべく、新たなる勢力理論が提唱されている。

3. 研究領域の広がりと新たな理論

[1] 勢力保持者の社会的認知

1) 非対称成果依存理論 (asymmetrical outcome dependency theory)

　近年、目覚ましい発展を見せている領域の1つが個人の社会的認知過程に着目する理論である。Fiske & Dépret (1996) は、望ましい成果に対する個人や集団間の相互依存関係に着目し、非対称成果依存理論を提唱した。Fiske & Dépret (1996) によると集団や個人の関係において、望ましい成果を得ることに関する他者（他集団）への依存程度が小さく、逆に他者（集団）から依存される程度が大きい場合に、影響者は、勢力を保持する。

　Fiske らの理論は、統制感 (control) に対する本能的な欲求を前提としている。相対的に高い勢力を保持する個人や高勢力集団の成員（勢力保持者）は、既に統制感を得ているため積極的に関係に配慮する必然性を伴わない。よって低勢力者へ注意深く関心を寄せる必然性はなく、ヒューリスティックな情報処理が促される。場合によっては心地よい統制を維持する目的で、彼らの有意な立場を支持するようなステレオタイプ的情報に関心を払うように動機づけられる。一方で他者への依存が大きい個人・集団（低勢力者）は、統制を取り戻すように動機づけられる。低勢力者は、一般的に社会的環境を精査しシステマティックな情報処理を行い、ステレオタイプに一致しないような、より診断的な情報に注意を払うことで統制を取り戻そうと動機づけられる。しかしネガティブな成果が避けられない場合や、結果に耐えられない場合、注意深い情報処理過程は放棄され、代わりに統制を取り戻す欲求に歪められたステレオタイプに一致する情報に関心を寄せるようになる。このような現象はしばしば、外集団に対し敵対関係や競争関係にある集団成員に認められる (Brauer & Bourhis, 2006)。

　非対称成果依存理論は勢力保持者の自動的な認知傾向を明らかにすることで、ハラスメントや、勢力差のある集団間（たとえば、移民、大企業と下請け会社

との関係など）でのステレオタイプ的認知や行動，偏見などに関し理論的な視座を提供する（Russell & Fiske, 2010; Guinote, Willis, & Matellotta, 2010）。

2）勢力に関する接近・抑制理論（approach inhibition theory of power）

Keltner, Gruenfeld, & Anderson（2003）は，接 近 抑 制 理 論（e.g., Chance, 1967）や制御焦点理論（Higgns, 1997）と勢力理論とを関連づけ，勢力が認知過程と行動に及ぼす影響について理論化した。彼らは勢力を「資源の提供や制限，罰の実行によって他者の状態を調整するための，相対的な個人の潜在力」と定義し，個人が勢力を認知するための規定因として個人内要因（性格特性や身体的な特徴），二者間要因（関係への関心，相対的なコミットメント），集団内要因（権限，地位），集団間要因（民族，性，階級，イデオロギー，数的多数／少数）を掲げた。勢力の自己認知は接近（approach），勢力の欠如は抑制（inhibition）に関する自己制御を導く。接近傾向は，利益獲得への注意，ポジティブな情動，自動的情報処理，非抑制的行動，個人特性に一致する行動と関連し，抑制傾向は，驚異への警戒，ネガティブな情動，システマティックで統制された情報処理，抑制的で状況により制約された行動によって特徴づけられる（図 1-2）。

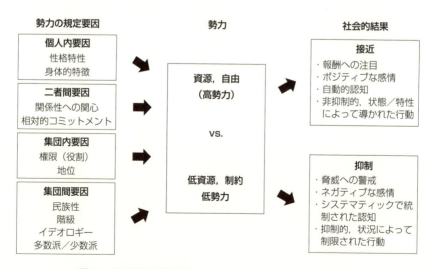

図 1-2　接近抑制理論の概要（Keltner, Gruenfeld, & Anderson, 2003）

　また接近傾向は Higgins（1997）による，促進焦点による自己制御を生起し，ポジティブな情動を喚起し，成功や獲得への意識を高め，課題に挑戦する意欲を生み出し，目標達成のための主体的活動を促すが，コストや危機管理などに対する注意を向けにくくする。一方で抑制志向性は，防御焦点による自己制御を促し，勢力保持者のネガティブな情動を喚起し，コストや義務，失敗した際に予期される不利益に注意を向けさせるため，不確実性を低減し危険や損害からの回避を確かにする反面，意欲や活動性は抑制され診断的で慎重な情報処理が促進される。彼らの仮説は多くの実験室実験によっておおむね支持されている（Galinsky, Gruenfeld, & Magee, 2003; Overbeck & Park, 2006; Overbeck, Tiedens, & Brion, 2006）。

　先行研究は「勢力腐敗（Kipnis, 1972）」に代表されるように，勢力保持者のネガティブな側面を強調してきた。しかし接近抑制理論は，進化論的もしくは生態学的根拠をもとに，勢力保持者の行動傾向を認知処理過程から捉え直した。彼らは，勢力保持者は環境からの制約から解き放たれ，目標達成に向け自発的・積極的に活動するという，勢力の「エネルギー源」としての側面を明示した。Keltner et al.（2003）は，勢力を「他者をコントロールする潜在力（power over）」の視点から定義しているが，実質的に彼らの理論は「活動を主体的に行うための勢力（power to）」に関する新たな側面を描き出したものであった。

3）状況焦点理論（situated focus theory of power）

　勢力が社会的認知に及ぼす影響について，Kipnis（1972），Fiske & Dépret（1996）や，Keltner et al.（2003）などから有力な理論が提唱され，多くの実証研究が実施されてきた（cf., Lee-Chai & Bargh 2001; Guinote & Vescio, 2010）。

　しかし，先行知見は必ずしも一致していない。たとえば，Fiske & Dépret（1996）や Kipnis（1972）は，勢力保持者が低勢力者に対して関心を払わず個別把握をしなくなる傾向を指摘したのに対し，Overbeck & Park（2001）はリーダーが部下の成果に関する責任の所在を自己に帰属している場合は，むしろ個別把握が深まる傾向にあることを指摘している。勢力は腐敗するのか？　勢力保持者は無自覚的にヒューリスティックな情報処理を行うのか？　それとも，システマティックな情報処理を行うのか？　勢力保持者はよりよい自己制御を行うのか？　短絡的な自己制御を行うのか？　Guinote（2007, 2010）は，一

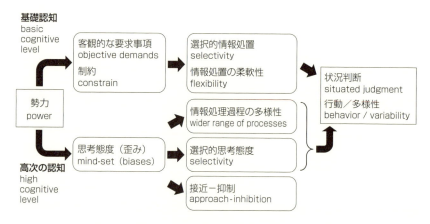

図 1-3　状況焦点理論（Guinote, 2010）

　見矛盾しているように見える先行知見について，個人の選択的な情報処理過程に着目して体系的な理論化を試み，状況焦点理論（situated-focus theory of power）を提唱した。この理論は，勢力を所有することが，状況的要因に干渉されない個人の統制感を生み出すことを前提に理論構築されている。状況焦点理論は，勢力保持者の基礎認知過程とより高次の認知過程に派生する認知バイアスという異なる 2 つの過程を想定している（図 1-3）。基礎認知過程においては，勢力保持者は他者や環境から受ける制約が少ないため，選択的に特定の事項（目標，欲求，活性化している概念，環境からのアフォーダンス）に注意を分散させずに焦点化することが可能である。つまり勢力保持者は，冗長な情報に惑わされずに選択的に注意を集中可能である。

　たとえば，上司の意識が職務内容を充実することへ注がれている場合には職務に対し診断的な情報処理が行われるが，意識が選択的に上役に好意的な印象を抱かせることへ注がれている場合には職務内容に関して自動的処理がなされるといったように，状況間で判断・行動の分散が大きくなることが予測される。一方で低勢力者による目標達成はより困難で，勢力保持者に依存する傾向が大きいため，低勢力者は勢力保持者に対して注意を払い，さらに予測可能性や統制力を高めるために，環境の中のさまざまな情報源に対して診断的注意を払う傾向がある。環境の中には不必要な情報も含まれ，冗長な情報に惑わされやす

くなる。つまり低勢力者は注意を分散させなければいけない文脈上の制約があり，注意対象を選択する余地が少なく，比較的一貫して診断的情報処理が求められるため，状況間での判断・行動の分散は小さくなることが予測される。

　さらに勢力の保持により高次の認知バイアスを生起する。多くの場合，勢力の保持はさまざまな目標達成を容易にするため，勢力保持者，低勢力者は異なる思考態度の方略を採用する。つまり勢力保持者は，特定の事項に選択的に注意を向ける傾向がより大きくなり，標準的に行っている判断や行動を導くプロセス（自動的判断，慣例の踏襲など）を有効だとみなしやすく，報酬や好機など特定の情報に対して敏感になりやすくなる。一方で低勢力者は，選択的に判断・行動する余地が少なく，標準的な判断や行動についても診断的に情報処理し，脅威やコストに対する情報に対し敏感になりやすくなる。

　勢力保持者は刻々と選択的に行われる情報処理過程において，状況に応じ主要因子（primary factor）に導かれ，多様な判断・行動を行う。主要因子を規定する要因としては，環境的な手がかり（プライミングなど），期待（ステレオタイプなど），体験による情報（身体感覚など），認知的な活性化（頻度や直近に用いた概念），目標達成志向性（有益情報など），慢性的に用いている概念（態度を支持する情報）などが挙げられる。

　状況焦点理論が，Kipnis（1972），Fiske & Dépret（1996），Keltner et al.（2003）と明確に異なる点は，勢力保持者は低勢力者に比べ個別に設定された特定の目標に応じる形で，より診断的かつ柔軟な認知処理が可能であることを指摘している点である。さらに，高次の認知処理の歪みは，むしろ環境への適応のために戦略的に生起するという立場である。望ましい成果期待の高い文脈において勢力保持者は，選択的な情報処理を行うことで認知的倹約や時間短縮をはかっている。

　状況焦点理論は，特定時点での勢力保持者の判断・行動の背景にある情報処理過程を静的に理論化しているため，たとえば Kipnis（1972）が指摘するような，勢力保持者の支配欲求に基づいた自己の誇大視，他者軽視，管理の対象化，心理的距離の拡大化といったダイナミズムについてはさらなる検証が必要であるだろう。また，Fiske & Dépret（1996）が指摘するような，ネガティブな結果が避けられないような特殊な状況下で起こる，低勢力者が診断的な情報処理

を放棄し，よりステレオタイプ的判断を行うようになる過程に関しても説明が難しい。しかし，情報処理過程に関する認知心理学的立場から先行知見を統合することで体系的に勢力保持者の認知・行動・感情を説明している。

　以上，勢力が社会認知過程に及ぼす影響について 3 つの理論を取り上げた。近年，勢力の認知的アプローチは，特に EU において主要なアプローチとなってきており，ハラスメント，集団間の対立，差別・偏見といった事象からエンパワーメントや自己制御に至るまで多様化しながら検討されてきている（Lee-Chai & Bargh 2001; Guinote & Vescio, 2010; Overbeck, 2010）。

［2］組織・集団レベルのプロセスへの理論拡張
1）集団性勢力（group power）

　かつて Likert & Likert（1976）は『*New Ways of Managing Conflict*』という著書の中で，高い協働性を有する集団（システム 4T）の成員のコミュニケーションには，French & Raven（1959）とは異なる特徴をもつ勢力が存在することを指摘し，集団性勢力（group power）と命名した。

　集団性勢力は個人の価値や重要性に関する実感を調整・獲得したいという欲求によって派生し，成員を①自分と同じ価値観を共有する相手を求め，②その集団から高く評価されるよう動機づける。成員は集団の一員としての自覚のもと集団が価値づける行動を行うため，集団性勢力は集団目標の達成に向けて自発的なエンゲージメントを引き出す。集団性勢力は，集団目標に沿った形で成員間の建設的な相互影響を促し，集団の生産性を高め，葛藤解決を促進する。また，資源依存理論における，一方が強い勢力をもてば他方の勢力が相対的に弱まるという前提（zero-sum の関係）は当てはまらず，集団目標に関連する範囲の事項について総じて相互の勢力が大きくなる。いわば影響力の牌を奪い合うのではなく，総量を多くして分配する特質を有す。Likert & Likert（1976）は，企業の 31 部局に対し，各職位の全般的な影響力の大きさを調査し，生産性が上位 1/3 の部局は下位 1/3 の部局に比べ，すべての職位において相対的に強い影響力が認識されていることを示した。このような集団性勢力は，組織の協働性や生産性，葛藤解決に多くの示唆を与え得る発見であったにもかかわらず，今日に至るまでほとんど実証的検討はなされておらず，どのようにして集団性

勢力は派生するのか，なぜ成員の相互影響力は高まるのか，生産性や葛藤解決とどのように関連するのかについて明らかにされることはなかった。しかし近年，源流を異にするものの，資源に対する依存関係とは別の視点から，集団における影響力の発生とメカニズムを明らかにする理論が生み出されてきている（Turner, 2005; Simon & Oakes, 2006）。

2) 勢力の三過程理論 （three process theory of power）

　Turner（2005）は，最小条件集団パラダイムに関する実験から得られた一連の知見（Tajfel & Turner, 1979）をもとに，社会的アイデンティティ理論（Tajfel & Turner, 1986）および，自己カテゴリー化理論（Turner, 1987）を提唱した（cf., 坂田・高口, 2008）。勢力の三過程理論はこれら社会的アイデンティティに関連する研究から派生し，心理的な集団形成を基礎として内集団，外集団における影響プロセスを明らかにする理論である（Brauer & Bourhis, 2006）。

　勢力の三過程理論は，社会的アイデンティティの共有（共有アイデンティティ shared social identity）を社会的影響の前提要因と考える。「集団アイデンティティは，個人の関心や利点を共有化することで人々をエンパワーし結束させる。集団アイデンティティは，集団成員に影響力を生み出し集団内での協調・結束・集団構造づくりを可能にする。集団アイデンティティは，成員に集合的な行動や協働のための勢力を生み出し，勢力は共有目標に向けて，それぞれの成員が個別に活動するよりもはるかに大きな推進力を生み出し，勢力は世界に影響を及ぼすようになる（Turner, 2005, p.13）」。

　既存のほとんどの理論が影響力を生むための前提条件として社会的階層や地位，勢力資源を掲げているのに対し，勢力の三過程理論は共有アイデンティティによって生起した影響力の結果，勢力が発生すると考える（図1-4）。Turner（2005）は，勢力と影響力と集団形成の関連性について循環的な関係を認めているが，始まりは共有アイデンティティであるとし，マイノリティインフルエンスから派生する社会変革など資源をもたざる者からの影響を説明する。

　勢力の三過程理論は勢力を「他者を通して個人の意思を実現する潜在能力であり，他者の活動を引き起こすことによって人々や事象に影響を与えるもの」と定義している。この理論は他者の自発的参与の重要性と，参与的行動の結果生じたプロセスが勢力を生み出し，何らかの成果を導くという点を強調する。

標準的な理論
The Standard Theory

三過程理論
Three-Process Theory

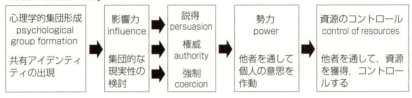

図 1-4　三過程理論（Turner, 2005）

　共有アイデンティティによって派生する影響力は，3つの影響過程（説得
（persuasion），権威（authority），強制（coercion））を引き起こす。説得プロセ
スは，社会的影響の方向性や価値に同意と納得が得られた場合に生起する。一
方で心から同意が得られない場合には統制プロセスが生起する。統制プロセス
は，さらに権威と強制に細分化される。ここでいう権威は，階層性に基づく権
力というよりは，French & Raven（1959）における正当勢力に近い概念である。
心からの応諾はしないが，役割上，もしくは関係上，応諾するというような認
識が生起するプロセスを意味し主に内集団で派生する。一方で強制は，資源を
投入しながら抵抗を排してコントロールすることによるプロセスであり，しば
しば外集団に多用される傾向がある。
　強制プロセスは，影響者と被影響者の間でアイデンティティの隔絶を浮き彫
りにし，軋轢を生じるリスクがあるため，短期的な衝撃度（impact）は大きく
ても将来的な影響は困難になることが予測される。また Turner（2005）は，対
立的なアイデンティティの明確化が，強制された成員間のリアクタンスとアイ
デンティティの共有性を高め，対抗勢力の台頭を加速するリスクを伴う点につ
いて警鐘を鳴らしている。

2) 勢力のアイデンティティモデル（identity model of power）

　社会的アイデンティティ理論および自己カテゴリー化理論の視座から，社会的影響の解明を試みたもう 1 つの理論が，Simon & Oakes（2006）による勢力のアイデンティティモデルである。彼らは勢力を「（人物もしくは集団である）A が自身の目指す方向に向けて，他者の主体的な参与（human agency）を獲得することができる限りにおいて，A は勢力を有している」と定義した。多くの勢力理論が特定の事項に対する応諾獲得（compliance gaining）に着目しているのに対し，Simon & Oakes（2006）は自由な行為者としての被影響者による自発的貢献を明示的に定義に組み入れ，影響者が意図しないような自発的貢献行動を含む定義を行った。

　私たちが自発的に行う行動の背景には「自分は何者であるか」というアイデンティティが存在する。Simon & Oakes（2006）は，自己カテゴリー化理論を拡張する形で，対人影響場面を純粋な葛藤状況ではなく合意性と葛藤の混在した状況として捉える。彼らは（a）自己カテゴリーには階層構造があり，下位カテゴリーは具体的，上位カテゴリーは抽象的・包括的なカテゴリーで構成されていること，（b）カテゴリーは統合するルールに基づき，互いに関連づけられクラス分けされていること，（c）カテゴリーの類似性や差異に関する判断は状況や習慣に依存する変動的なものであること，を前提としている。そして，下位レベルのカテゴリーの葛藤解決に関し，上位レベルでの共有アイデンティティが重要な役割を果たすと考える（図1-5）。

　図1-5は，下位カテゴリーにおける 2 者のアイデンティティのコンフリクト状態（たとえば，上司のアイデンティティ A と，部下のアイデンティティ B）および，上位カテゴリーにおけるコンセサス状態（たとえば，同一部局の成員，仲間など）を表現している。

　たとえば，残業について上司と部下で意見対立があったとする。この場合，残業に関する下位レベルの自己カテゴリーに葛藤が生じている（たとえば，「残業が必要である」という立場の上司と「残業は不要である」という部下の立場の間でコンフリクトが生じたとする）。しかし上位の自己カテゴリーにおいて，共有アイデンティティによる合意が存在するならば（「民主的な職場の成員である」など），葛藤を解決するような相互の行動発生が予測できる。たとえば冷

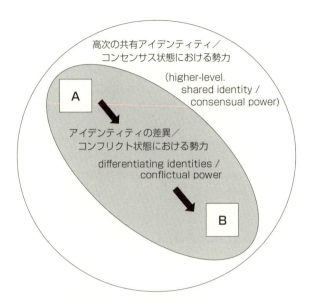

図1-5 勢力のアイデンティティモデル（Simon & Oakes, 2006）

静な話し合いや，互いの要求事項の確認に基づく代案の提示である。葛藤解決
を目指す相互作用を生みだしたのは共有アイデンティティに基づく勢力である。
場合によっては，上位カテゴリーの共有アイデンティティは，「上下関係の厳し
い職場の社員」であるかもしれない。この場合は，部下が折れる形で葛藤解決
が予測される。

　Simon & Oakes（2006）は従来の資源依存理論に重大な問いを投げかける。
「どのような資源が重要視されるのか？　重要視されるのは何故なのか？」そ
して，上位カテゴリーにおける共有アイデンティティこそ，下位カテゴリー
における資源の正当性を規定していると考えている。つまり，彼らによると
資源への依存関係の多くは，共有アイデンティティにおける合意性によって説
明可能である。そして勢力保持者とは支配性に基づく個人ではなく，特定の
アイデンティティを強調する「アイデンティティの実業家（entrepreneur of
identity）」を意味するとしている。

4. まとめとパースペクティブ

　近年，勢力理論はその適用範囲を拡大している。特に「他者をコントロールする」側面の勢力（power over）から，多くの研究者が明示的に「自分自身の活動を主体的に行う」ための勢力（power to）に着目し始めてきた点は看過できない（Van Dijke & Poppe, 2006）。Lammers, Stoker, & Stapel（2009）は，ステレオタイプ認知に対しこれら2つの勢力は対照的な関係を示すことを明らかにしている。

　しかしながら，従来の勢力理論が主体性に関する勢力の側面を全く検討しなかったわけではない。たとえば実験研究においてリーダー役の参加者に報酬分配と管理監督の権限を付与するとき，2側面の勢力は同時に生起していると考えられる。近年の理論的発展による功績は，勢力の「エネルギー源」としての役割について明示的に問い直し，理論を精錬してきたことと言えるだろう。勢力を保持することは，個々の主体性を高め活動性を高め，認知資源の有効活用を促し，組織集団の協働を活性化する可能性を秘めているのである。最後に，勢力理論がどのようにリーダーシップ研究に寄与し得るかについて考察する。

　第一に，社会的認知過程に関する研究についてである。他者をコントロールする勢力の側面からは，ハラスメントの抑止や偏見・差別の解明に関しさらなる研究が求められる。社会的認知過程に関する勢力理論は，状況規定的な低勢力者への無配慮を解明する際に有用であるだろう。たとえば，リーダーが集団の課題達成を困難であると感じ，逼迫した状況の打開に中心的な関心をもち，課題解決に専心している場合，部下への配慮は後回しになる可能性などが推察される。この点に関し Klocke（2009）は，制約の強い集団の課題環境を設定し上司に強く部下を統制させた場合，上司に認知的不協和が生じ強制的な対人影響の様式が正当化される効果を実験研究によって確認している。

　同様に，「エネルギー源」としての勢力の役割についても，ハラスメントの文脈で検討可能である。従来，主観的な低勢力者がリーダーの権限を与えられたときに強制的な対人行動を頻繁に使用する傾向が報告され，パワーパラドックスと呼ばれてきた（Goodstadt & Hjelle, 1973; Bugental & Lin, 2001; Bugental

& Lewis, 1999)。このようなパワーパラドックスを生起する認知過程について
Bugental らによる一連の報告によると，低勢力者の情報処理過程が関係する。
つまりネガティブな側面に焦点化された情報処理と，認知資源の逼迫が一因で
ある。勢力の枯渇による，抑制システムの活性化と認知資源の不足に伴う部下
との円滑なコミュニケーションの失敗が，将来的な相互理解や関係性の構築の
障害となり葛藤状態を生みだす可能性が指摘されている。以上のような社会的
認知過程がより鮮明に明らかになれば，環境的な整備，リーダーシップトレー
ニングやエンパワーメントによるハラスメントの抑止が期待される。

　　第二に，勢力の獲得や損失に関するダイナミズムと集団の形成過程の解明に
関して取り上げる。従来の勢力理論は勢力保持者に焦点化し，低勢力者に関す
る研究は比較的希薄であった（Overbeck, 2010）。そのため組織変革における
ボトムアップ的な影響力やマイノリティインフルエンスを勢力理論から捉える
ことは困難であった。しかし社会的アイデンティティ理論は，資源を持たざる
者からの影響力を鮮明に描き出している（Turner, 2005; Simon & Oakes, 2006）。
Simon & Oakes（2006）は，地位は他者に対する影響を（再）生産するための
静的な状態（be-ing）であり継時的に相互作用を繰り返しながら蓄積される一
方で，勢力は他者の能動的な参与を促す動的な側面（do-ing）を捉えた概念とし
た。このような視点からは，組織・集団における「小さい声」が，多くの成員の
同意・賛同を得る過程の中で共有アイデンティティとして「we-ness（私たち
らしさ）」を形成し，そこから勢力が派生し，継時的に地位が安定していくプロ
セスを描くことができる。以上のような，社会的アイデンティティに基づく勢
力理論は，比較的地位格差が少ない学校のような組織や，同僚間，対等な外部
資源との協働における影響力を検討するうえで有益な示唆を与えると思われる
（鎌田, 2014）。社会的アイデンティティに由来する勢力理論について Haslam,
Reicher, & Platow（2011）は，新たなリーダーシップ理論の基礎を提供する理
論であると指摘している。さらには，集団性勢力が協働的な集団に特徴づけら
れていたように（Likert & Likert, 1976），勢力により地位が形成された際に集
団内に構築される構造的側面に関してもさらなる検討が必要である。端的には，
共有メンタルモデルや，交流記憶システム，集団効力感等と，「we-ness」によ
る勢力との関連性についても検討の余地があると思われる。

　最後に，リーダーシップ研究の中で影響力の解明は中心的な課題であった
にもかかわらず，個々のリーダーシップ理論と勢力理論を明示的に関連づ
け，体系的に実証した研究は意外なほど少ない点について取り上げる（Flynn,
2010）。その一因として，勢力理論の多くが主にコントロールする勢力に関心
を払ってきたため，理論の適用範囲が限定されていたためではないかと推察
される。近年のリーダーシップ理論が重きを置いてきたのは，行動主体とし
てのフォロワーの意欲的貢献である。この点に関連して，Overbeck（2010）
は「エネルギー源」としての勢力と密接な関係をもつ概念として，有能感（self-
competence），自己原因性（personal causation），自己活動性（self's agency），
自律性（autonomy）を挙げている。これらはリーダーシップ研究の中で重要性
が指摘されてきた概念である。主体的活動を引き出す「エネルギー源」として
の勢力の側面とリーダーシップ理論との関連については，いまだ体系的な理論
化はなされていない。これらの関係の解明は，リーダーシップの中で生起する
影響プロセスを紐解くうえで重要であり，将来的な理論の精錬と実証的検討が
待たれる。

引用文献

Acton, J. (1865). Letter to Bishop Mandell Creighton.

Barry, B. (2001). Influence in organizations from a social expectancy perspective. In A.
　　Y. Lee-Chai, & J. A. Bargh (Eds.), *The use and abuse of power: Multiple perspectives
　　on the causes of corruption* (pp.19-40). New York: Psychology Press.

Brauer, M., & Bourhis, R. Y. (2006). Social power. *European Journal of Social Psychology*,
　　36, 601-616.

Bugental, D. B., & Lewis, J. C. (1999). The paradoxical misuse of power by those who see
　　themselves as powerless: How does it happen? *Journal of Social Issues, 55*, 51-64.

Bugental, D. B., & Lin, E. K. (2001). The many faces of power: The strange case of Dr.
　　Jekyll and Mr. Hyde. In A. Y. Lee-Chai & J. A. Bargh (Eds.), *The use and abuse of
　　power: Multiple perspectives on the causes of corruption* (pp.3-18). Philadelphia, PA:
　　Psychology Press.

Carson, P. P., Carson, K. D., & Roe, C. W. (1993). Social power bases: A meta-analytic
　　examination of interrelationships and outcomes. *Journal of Applied Social
　　Psychology, 23*, 1150-1169.

Chance, M. R. A. (1967). Attention structure as the basis of primate rank order. *Man, 2*,

503-518.

Dépret, E., & Fiske, S. T. (1993). Social cognition and power: Some cognitive sequences of social structure as a source of control deprivation. In F. G. G. Weary & K. Marsh, (Eds.), *Control motivation and social cognition* (pp.176-202). New York: Springer-Verlag.

Farmer, S. M., & Aguinis, H. (2005). Accounting for subordinate perceptions of supervisor power: An identity-dependence model. *Journal of Applied Psychology, 90,* 1069-1083.

Fiske, S. T., & Dépret, E. (1996). Control, interdependence and power: Understanding social cognition in its social context. *European Review of Social Psychology, 7,* 31-61.

Flynn, F. J. (2010). Power as charismatic leadership: A significant opportunity (and modest proposal) for social psychology research. In A. Gunote & T. K. Vescio (Eds.), *The social psychology of power* (pp.284-312). New York: The Guilford Press.

Foucault, M. (1982). The subject and power. In H. L. Drefus & P. Rabinow (Eds.), *Michel Foucault: Beyond structuralism and hermeneutics* (pp.208-226). Brighton, UK: Harvester.

French, J., & Raven, B. H. (1959). The base of social power. In D. Cartwright (Ed.), *Studies in social power* (pp.150-167). Ann Arbor, MI: Institute for Social Research.

淵上 克義 (2002). リーダーシップの社会心理学　ナカニシヤ出版

淵上 克義 (2008). 影響戦術研究の動向　坂田 桐子・淵上 克義 （編）　社会心理学におけるリーダーシップ研究のパースペクティブ I (pp.129-166)　ナカニシヤ出版

Galinsky, A. D., Gruenfeld, D. H., & Magee, J. C. (2003). From power to action. *Journal of Personality & Social Psychology, 85,* 453-466.

Goodstadt, B. E., & Hjelle, L. A. (1973). Power to the powerless: Locus of control and the use of power. *Journal of Personal and Social Psychology, 27,* 190-196.

Guinote, A. (2007). Behavior variability and situated focus theory of power. *European Review of Social Psychology, 18,* 256-295.

Guinote, A. (2010). The situated focus theory of power. In A. Guinote & T. K. Vescio (Ed.), *The social psychology of power* (pp.141-173). New York: The Guilford Press.

Guinote, A., & Vescio, K. (2010). *The social psychology of power.* New York: The Guilford Press.

Guinote, A., Willis, G. B., & Martellotta, W. C. (2010). Social power increases implicit prejudice. *Journal of Experimental Social Psychology, 46,* 299-307.

Haslam, S. A., Reicher, S. D., & Platow, M. J. (2011). *The new psychology of leadership: Identity, influence and power.* New York: Psychology Press.

Higgins, E. T. (1997). Beyond pleasure and pain. *American Psychologist, 52,* 1280-1300.

Hinkin, T. R., & Schriesheim, C. A. (1989). Development and application of new scales to measure the French and Raven (1959) bases of power. *Journal of Applied Psychology, 74*, 561-587.

Hollander, E. P. (1958). Conformity, status, and idiosyncrasy credit. *Psychological Review, 65*, 117-127.

今井 芳昭 (1993). 社会的勢力に関連する研究の流れ―尺度化, 影響手段, 勢力動機, 勢力変性効果, そして, 社会的影響行動モデル― 流通経済大学社会学部, *3*, 39-66.

今井 芳昭 (1996). 影響力を解剖する―依頼と説得の心理学― 福村出版

鎌田 雅史 (2014). 学校組織における社会的勢力構造に関する理論的研究 就実教育実践研究, *7*, 19-29.

Kelman, H. C. (1958). Compliance, identification, and internalization: Three processes of attitude change. *Journal of Conflict Resolution, 2*, 51-60.

Keltner, D., Gruenfeld, D. H., & Anderson, C. (2003). Power, approach, and inhibition. *Psychological Review, 110*, 265-284.

Kipnis, D. (1972). Does power corrupt? *Journal of Personality and Social Psychology, 24*, 33-41.

Kipnis, D., Schmidt, S., & Wilkinson, I. (1980). Intra-organizational influence tactics: Explorations in getting one's way. *Journal of Applied Psychology, 66*, 440-452.

Klocke, U. (2009). 'I am the best': Effects of influence tactics and power bases on powerholder's self-evaluation and target evaluation. *Group Processes & Intergroup Relations, 12*, 619-637.

Lammers, J., Stoker, J. I., & Stapel, D. A. (2009). Social and personal power have opposite effects on stereotyping, but parallel effects on behavioral approach. *Psychological Science, 20*, 1543-1549.

Lee-Chai, A. Y., & Bargh, J. A. (2001). *The use and abuse of power*. Philadelphia, PA: Psychology Press.

Likert, R., & Likert, J. G. (1976). *New ways of managing conflict*. New York: McGraw-Hill.

Lord, R. G., & Maher, K. J. (1991). *Leadership and information processing: Linking perceptions and performance*. London: Routledge.

Nesler, M. S., Aguinis, H., Quigley, B. M., Lee, S. J., & Tedeschi, J. T. (1999). The development and validation of a scale measuring global social power based on French and Raven's power taxonomy. *Journal of Applied Social Psychology, 29*, 750-771.

Overbeck, J. R. (2010). Concepts and historical perspectives on power. In A. Gunote & T. K. Vescio (Ed.), *The social psychology of power* (pp.19-45). New York: The Guilford Press.

Overbeck, J. R., & Park, B. (2001). When power does not corrupt: Superior individuation processes among powerful perceivers. *Journal of Personality and Social Psychology*,

81, 549-565.

Overbeck, J. R., & Park, B. (2006). Powerful perceivers, powerless objects: Flexibility of powerholders' social attention. *Organizational Behavior and Human Decision Processes*, *99*, 227-243.

Overbeck, J. R., Tiedens, L. Z., & Brion, S. (2006). The powerful want to, the powerless have to: Perceived constraints causal attributions. *European Journal of Social Psychology*, *36*, 479-496.

Parsons, T. (1967). *Sociological theory and modern society*. New York: Free Press.

Peiró, J., & Meliá, J. (2003). Formal and informal interpersonal power in organizations: Testing a bifactorial model of power in role-sets. *Applied Psychology*, *52*, 14-35.

Petty, R. E., & Cacioppo, J. T. (1986). *The elaboration likelihood model of persuation*. New York: Academic Press.

Raven, B. H. (1965). Social influence and power. In I. D. Striner & M. Fishbein (Eds.), *Current studies in social psychology* (pp.399-444). New York: Wiley.

Raven, B. H. (1992). A power/interaction model of interpersonal influence: French and Raven theory thirty years later. *Journal of Social Behavior and Pearsonality*, *7*, 217-244.

Raven, B. H. (2001). Power/interaction and interpersonal influence. In A. Y. Lee-Chai & J. A. Bargh (Ed.), *The use and abuse of power: Multiple perspectives on causes of corruption* (pp.217-240). Philadelphia, PA: Psychology Press.

Raven, B. H., Schwarzwald, J., & Koslowsky, M. (1998). Conceptualizing and measuring a power/interaction model of interpersonal influence. *Journal of Applied Social Psychology*, *28*, 307-332.

Russell, A. M., & Fiske, S. T. (2010). Power and social perception. In A. Gunote & T. K. Vescio (Ed.), *The social psychology of power* (pp.231-250). New York: The Guilford Press.

Russell, B. (1938). *Power: A new social analysis*. London: Routledge Classics.

坂田 桐子・高口 央 (2008). リーダーシップ過程における自己概念の役割―リーダーシップ過程の社会的アイデンティティ分析―　坂田 桐子・淵上 克義 (編)　社会心理学におけるリーダーシップ研究のパースペクティブ I (pp.53-77)　ナカニシヤ出版

迫田 裕司 (2008). リーダーシップ過程におけるフォロワーの認知　坂田 桐子・淵上 克義 (編)　社会心理学におけるリーダーシップ研究のパースペクティブ I (pp.25-51) ナカニシヤ出版

Simon, B., & Oakes, P. (2006). Beyond dependence: An intergroup theory of social power and domination. *Human Relations*, *59*, 578-596.

Tajfel, H., & Turner, J. C. (1979). An integrative theory of intergroup conflict. In W. G. Austin & S. Worchel (Eds.), *The social psychology of intergroup relations* (pp.33-47).

California: Brooks/Cole.

Tajfel, H., & Turner, J. C. (1986). The social identity theory of intergroup behavior. In S. Worchel & W. G. Austin (Eds.), *Psychology of intergroup relations* (pp.7-24). Chicago: Nelson-Hall.

Turner, J. C. (1987). The analysis of social influence. In J. C. Turner, M. A. Hogg, P. J. Oakes, S. D. Reicher, & M. S. Wetherell (Eds.), *Rediscovering the social group: A self-categorization theory* (pp.68-88). Oxford: Blackwell.

Turner, J. C. (2005). Explaining the nature of power: A three process theory. *European Journal of Social Psychology, 35,* 1-22.

Van Dijke, M., & Poppe, M. (2006). Striving for personal power as a basis for social power dynamics. *European Journal of Social Psychology, 36,* 537-556.

Weber, M. (1947). Bureaucracy. In H. Gerth & C. W. Mills (Eds.), *Max Weber: Essays in sociology.* London: Oxford University Press.

Winter, D. G. (1973). *The power motive.* New York: Free Press.

Yukl, G. (2013). *Leadership in organization* (8th ed.). Harlow: Pearson Education.

Yukl, G., & Falbe, C. M. (1991). The importance of different power sources in downward and lateral relations. *Journal of Applied Psychology, 76,* 416-423.

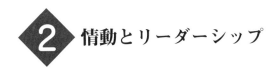

2 情動とリーダーシップ

高口 央

1. 情動に注目した研究の概要

　リーダーシップ過程に関する研究領域において，リーダーあるいはフォロワーの行動の相互影響と，その結果（あるいは成果）についての検討がなされてきた。さまざまな観点からの検討がなされているが，2015年，*Leadership Quarterly* の第26巻において，リーダーシップと情動（emotion）についての特集が組まれている。たとえば，この特集の中でTee（2015）は，組織の多様なレベルでのコミュニケーションと情動の共有は，組織文化によって形成されるとも言えるし，組織文化を形成するとも言えるとしている。このように，リーダーシップ過程における情動の重要性が再認識され，情動に焦点を当てたリーダーとフォロワーの双方向的な検討が改めて注目されている。

　情動に注目したリーダーシップ過程に関する検討は，リーダーあるいはフォロワーの感情状態に注目した検討と，その相互作用過程に注目した検討がある。なお，本章では，先行研究をレビューする際，基本的に原文に忠実に，emotionを情動，affect を感情として記載する。Kaplan, Cortina, Ruark, LaPort, & Nicolaides（2014）は，先行研究をレビューしたうえで，情動が，幸福感に影響するだけでなく，個人，集団，組織の成果にも影響する広範囲のものであることを指摘している。Tee（2015）は，集団レベルの感情（affect）について，メンバー間の連帯を高め，集団へのアイデンティティを形成し，また，集合的行動を動機づけると説明しており，この集合的行動は，脅威あるいは外集団メンバーに対する情動（emotion）の明示的な表出によっても動機づけられると述

べている。また，Fisk & Friesen（2012）は，情動は，リーダーシップと関連する過程や成果に不可欠な構成要素であると説明し，個人レベルの分析においては，リーダーの情動がフォロワーの創造性，フォロワーのパフォーマンス，フォロワーの気分，そして，リーダーの効果性評価と結びつけられ，高次の分析においては，情動はチームパフォーマンス，情動的な風土（emotional climate），そして組織変化と結びつけられてきたと説明している。さらに，Newcombe & Ashkanasy（2002）は，情動がリーダーとフォロワーの交換の内容以上に，両者の関係の発展により大きな役割を果たすと示唆している。

　では，近年，どのような観点から，リーダーシップ領域において情動が捉えられ，検討がなされているのだろうか。上記の *Leadership Quarterly* の第26巻での特集など，2000年以降の比較的最近の情動を取り上げた研究を概観すると，情動を捉える際に，特性的な要素として捉える観点と，行動的な要素として捉える観点があると言えるだろう。リーダーあるいはフォロワーの特性的な感情状態によって，行動の選択傾向，あるいは解釈傾向に差異が認められる。あるいは，集団構成員の感情的な行動傾向，すなわち感情についての行動戦略によって，相互作用過程に差異が認められる。前者は，リーダー，あるいはフォロワーの情動知能（EI）や，個別の情動・感情状態（怒り，喜び，興奮など，あるいはポジティブ・ネガティブ感情など）を要因として取り上げ，リーダーシップ過程を検討するものである。後者は，表層的活動（surface acting）と深層的活動（deep acting）といった情動調整（emotion regulation）の差異に，あるいは，他者の情動にどう対処するかという情動管理（emotion management）の差異に注目して，リーダーシップ過程を検討するものである。いくつもの観点での検討があるが，これら2つの観点を特徴的なものとして捉えることができるだろう。

　Joseph, Dhanani, Shen, McHugh, & McCord（2015）は，特性的感情（trait affect）が外向性や神経症傾向以上に仕事に関連した成果の強力な予測因となり得ることが先行研究によって示されていると述べている。このような指摘もある一方で，Fisk & Friesen（2012）は，リーダーのEIや個別的な情動の表出については実証的な検討も存在するが，リーダーの情動調整がどのように従業員の態度や行動に影響するかはほとんど検討されてこなかったと述べている。

また，Jordan & Lindebaum（2015）も同様に，情動とリーダーシップに関す
る先行研究は，自己覚醒や自己調整，あるいは EI を含むリーダーの能力に注
目してきたと指摘し，リーダーは情動を調整する能力を求められるため，この
情動調整能力に注目すべきであると論じている。この指摘に呼応するように，
Koning & Van Kleef（2015）も，情動表出は社会的影響の強力なツールであり，
他者の情動表出を観察することによって，人は周囲にいる他者の気持ちや態度，
そして意図についての情報を引き出すと述べている。よって，情動の「表出」
に注目した検討がなされていることが，近年の研究動向の１つの特徴であると
言えるだろう。また，Little, Gooty, & Williams（2015）は，リーダーシップ研
究における情動の役割は，情動に関連した能力（EI，ポジ・ネガティブな情緒
性（affectivity）），過程（伝染，情動労働），リーダーの情動表出，そして，フ
ォロワーへの効果に焦点が当てられてきたが，フォロワーの情動を管理するた
めにリーダーによってなされる積極的，意識的な行動に焦点を当てる研究は少
ないと指摘している。

　本章では，比較的最近の情動，あるいは感情を取り上げたリーダーシップ研
究を概観し，情動の状況的，内容的適切性（あるいは一致性），あるいは，情動
調整戦略，情動伝染といった，特徴的と思われる観点での研究を概観し，今後
のリーダーシップ研究において情動が果たす役割と可能性について検討を行う
ことを目的とする。加えて，情動，リーダーシップ，そして，成果の３要素が
どのような影響関係をもつものとして検討されているかという視点からも先行
研究を整理する。

2. 情動の状況的適切性・一致性 (appropriateness, affective match)

　LMX 理論や変革型リーダーシップ理論に，情動という観点をもち込んだ研
究が多く見られる。そのような多くの研究の中で，変革型リーダーシップ理論
に基づく Tee, Ashkanasy, & Paulsen（2013）の研究では，ポジティブな気分
が創造性を促進し，工夫や変革を求められる問題の解決を可能にすることが指
摘されている。また，Lin, Kao, Chen, & Lu（2015）は，台湾の企業組織を対
象とする縦断調査を実施し，「過去３ヶ月の間，私は非常に幸せだと感じてい

た」などの項目で測定したポジティブな感情が，LMX と従業員の創造的業績
（creative performance）との関係を媒介することを示している。一方，先述の
Tee et al.（2013）は，ネガティブな気分は個人レベルでの認知的な成績を阻害
し，目標へよりもむしろ集団内の関係的な葛藤の解決のために認知資源が向け
られるため，ネガティブな情動的過程が集団目標の達成に関して怠慢をもたら
すと述べている。このように，ポジティブな情動がリーダーシップ過程にポジ
ティブな効用を，ネガティブな情動がリーダーシップ過程にネガティブな効用
をもつことを多くの研究が示唆しているが，一義的に結論づけられるものでは
ない。

　Damen, van Knippenberg, & van Knippenberg（2008）は，先行研究に基づ
き，ポジティブな気分のリーダーは協力を引き出すことに関して効果的である
が，ネガティブな気分のリーダーは課題成績への固執を引き出すことにおいて
効果的であるとも指摘している。また，Koning & Van Kleef（2015）は，先
行研究に基づき，リーダーの怒り表出がフォロワーのモチベーションや役割上
の成績を増加させると説明しているものの，自身の研究においては，シナリオ
想定法による検討と実験室実験による検討の双方において，喜びよりも怒り
をリーダーが表出した後で，フォロワーの OCB（Organizational Citizenship
Behavior 組織市民行動）実行への積極性が減少することを明らかにした。加
えて，Newcombe & Ashkanasy（2002）は，リーダーの言語的なメッセージと
表情という非言語的な情動表出の調和がリーダーとメンバーの関係の質を決定
すると考察している。このように，状況依存的に情動の効果が確認されること
を示す研究が存在する。

　Damen et al.（2008）は，調整変数としてのフォロワーの感情状態に注目し，
フォロワーの課題成績を引き出すリーダーのポジティブ情動とネガティブ情動
の表出の効果性を検討した。具体的には，リーダーの情動表出とフォロワーの
感情状態とが，「一致するか」という観点である。結果，女性協力者がリーダー
を演じ，47 名の学生がフォロワーとして参加した実験 1 では，リーダーの情動
表出とフォロワーのポジティブ感情が一致した場合に，不一致の場合よりも課
題成績が良いことが示された。男性協力者がリーダーを演じ，99 名の学生がフ
ォロワーとして参加した実験 2 では，リーダーの情動表出とフォロワーのポジ

ティブな感情状態が一致した場合に，課題成績が向上し，役割外の貢献も高まることが示された。以上のような結果から，Damen et al.（2008）は，フォロワーのポジティブ感情との一致という状況要因が，フォロワーの課題成績や役割外行動についてのリーダーの情動表出の効果を調整することを示唆している。このことに加え，組織の危機や変革の際に，部下のポジティブな感情が低くなることを踏まえれば，危機や変革の状況では，リーダーによるネガティブな情動の表出がより効果的であると考察している。また，フォロワーの感情状態の同質性や予測可能性は，リーダーの情動表出の効果性の重要な決定因となるとも指摘している。

　Koning & Van Kleef（2015）は，リーダーの情動表出の適切性という観点からの検討を行っている。集団活動における対象のフォロワーの行動量が他のフォロワーを上回るものであった場合に，リーダーの対象フォロワーに対するポジティブな情動表出は適切なものであり，ネガティブな情動表出は不適切なものであるとして操作されている。この検討において，リーダーのネガティブ情動の適切な表出は，その後の集団活動における行動量（作業成績）や動機づけを向上させることと同時に，ポジティブ感情の不適切な表出も動機づけを高めることを示している。後者の不適切であるにもかかわらず認められたポジティブな情動表出の効果は，リーダーの喜びを参加者が励ましと知覚した可能性があると考察されている。すなわち，リーダーの情動の効果は，フォロワーとの相互作用文脈における適切性によって，調整されると考えられる。Koning & Van Kleef（2015）は，特にリーダーの怒りの表出が文脈上，不適切である場合に，OCB 実行への積極性が減少することを見出している。

　Jordan & Lindebaum（2015）は，フォロワーに対して常にポジティブさを示すリーダーは偽っていると知覚されるため，目前の状況に関連する適切な情動表出をすることがリーダーに求められると，情動調整戦略の観点から指摘している。すなわち，リーダーの行動に関するフォロワーの知覚は，リーダーの情動的な表出の状況的な適切さに依存すると Jordan & Lindebaum（2015）は考えている。

　Newcombe & Ashkanasy（2002）は，非言語的な情動的手がかりである表情で操作したリーダーの感情が，言語的メッセージの内容と調和するかどう

かによって，フォロワーによる LMX の質に関する評価が左右されるかを検討
した。その結果，特に，リーダーのポジティブに表出された非言語的な情動
が LMX の質に関するメンバーの高い評価をもたらすことが示された。同時に，
リーダーに関するメンバーの知覚は，リーダーの言語的メッセージと非言語的
に表出された情動との調和のレベルと関連することも確認された。しかし，言
語的に表出されたメッセージがポジティブかネガティブかに関わりなく，高質
な LMX がポジティブな非言語的な表情による情動の表出によって特徴づけら
れるという結果も得られている。このことは，状況的な情動表出の適切性の重
要さを指摘するのと同時に，リーダーシップ過程における情動に注目すること
の重大さを示していると言えよう。

　以上のように，情動価の方向性が，リーダーシップ過程における情動の効果
を単純に示すということではなく，状況・文脈上の，リーダーとフォロワーと
の関係上での，適切性あるいは一致性が，調整的機能を果たすことを示唆する
知見があると言えよう。LMX に代表される，リーダーとフォロワーの関係性
に着目したリーダーシップ過程の検討観点にも沿う重要な研究の方向性として，
注視すべきものと思われる。

3. 情動調整 (emotion regulation) と情動管理 (emotion management)

　冒頭でも述べたように，近年の情動を取り上げたリーダーシップ研究の 1
つの特徴的な観点として，情動調整を挙げることができる。たとえば，Caza,
Zhang, Wang, & Bai（2015）は，先行研究に基づき，リーダーはフォロワーを
動機づけるために怒りのようなネガティブな情動を故意に表出したり，フォロ
ワーと接する際にカリスマ的と思われるように偽りのポジティブな情動を表出
する印象管理を行うように，情動表出を戦略的に調整する傾向があると述べて
いる。Fisk & Friesen（2012）は，リーダーの情動調整戦略に関するフォロワ
ーの知覚が，フォロワーの仕事役割に対する態度や役割外行動や任意の活動に
進んで従事するかに影響すると指摘している。このように，リーダー自身の情
動表出がどのような戦略で調整されるのかという観点から情動調整戦略を取り
上げた複数の研究があり，加えて，フォロワーの情動をリーダーがどのように

管理するかという観点の研究も存在する。つまり，情動調整と情動管理，2つ
の研究動向があると言える。

［1］情動調整に着目した研究

　リーダー自身の情動の調整に軸足を置いた説明として，次のようなものがあ
る。Fisk & Friesen（2012）は，情動調整戦略として2つを挙げ，次のように
説明している。情動的な反応を緩和するために情動的な手がかりに関する解釈
を調整する深層的活動（deep acting）は，外的な表情に合わせるように内的な
気持ちを変化させることを含み，状況の望ましい側面に注目し望ましくない側
面を無視する，あるいは，状況の定義を変えるように認知を変化させることで
達成する情動調整戦略である。一方，表層的活動（surface acting）は，情動
の身体的なサインを意図的に調整するものであり，実際に感じた情動と一致し
ない情動を感じたと偽って表出すること，あるいは感じていないのに感じたと
取り繕うことを含み，不誠実な活動とも言われる。Caza, Zhang, Wang, & Bai
（2015）は，この表層的活動と深層的活動について，情動には経験的なものと表
出的なものという2つの要素があり，人が表出する情動が経験した情動と一致
する必要はないことを指摘している。すなわち，表層的活動があるという指摘
は，人が経験した情動を偽りなく表出しているとは限らず，フォロワーを動機
づけるために実際には感じていない怒りといった情動を戦略的に表出すること
もあり得るということである。

　他方，Richards & Hackett（2012）は，情動調整には先行要因焦点型
（antecedent-focused）と反応焦点型（response-focused）の2つのタイプが存在
すると捉え，この2タイプについて次のように説明している。先行要因焦点型
は，経験した情動反応をコントロールするように状況を再評価するような，考
え方を変化させる認知的な情動調整戦略であるとされる。一方で，反応焦点型
の情動調整は，実際に感じた情動を抑圧し，行動的な反応を変えるような戦略
を用いるものとされている。情動調整は区切ることはできないが，再評価と抑
圧は2つの鍵となる情動調整戦略であると指摘されている。この2つのタイプ
は，上記の情動調整と類似のものと考えることができるだろう。先行要因焦点
型が深層的活動であり，反応焦点型が表層的活動と対応すると考えられる。

　では，情動調整戦略はどのようにリーダーシップ過程に影響するのだろうか。
Fisk & Friesen（2012）は，LMX の有意な主効果が認められたことに加えて，
深層的活動と LMX との有意な交互作用効果が認められたことを報告している。
この交互作用効果から，リーダーの深層的活動の情動調整とフォロワーの仕事
満足度との関係を，LMX が調整することを示唆している。Caza et al.（2015）
は，情動調整戦略の深層的活動と表層的活動を含むリーダーの情動的誠実さ
（emotional sincerity）に注目し，アメリカと中国での２つの検討を行い，文化
の違いにかかわらず，情動的誠実さが従業員のリーダーへの信頼や満足感とポ
ジティブに関連することを見出した。

　また，情動調整戦略という観点ではないが，Gaddis, Connelly, & Mumford
（2004）は，言葉，声の調子，そして非言語的な表現を訓練しリーダー役の情
動表出を操作した実験検討を行い，ポジティブな感情を示したリーダーが率い
た集団の参加者は，ネガティブな感情を示したリーダーの集団の参加者よりも，
より効果的だとリーダーを評価し，集団の成績についても同様の結果が得られ
たことを示した。この Gaddis et al.（2004）の知見も，リーダー自身の情動を
調整することによって，フォロワーに変化が生じることを示すものと言えるだ
ろう。

　Richards & Hackett（2012）は，先行要因焦点型（再評価）と反応焦点型
（抑圧）のそれぞれの情動調整が，愛着スタイルと LMX との関係を調整する
ことを見出した。つまり，もし愛着不安の高いリーダーと部下が再評価を用い
るなら，二者関係が高質な LMX を達成し，愛着回避の高いリーダーと部下が
ネガティブな情動を抑圧したなら，高い質の LMX を達成する。不安定な愛着
スタイルを持つリーダーとフォロワーが情動調整戦略を用いる場合に，高質な
LMX 関係を形成することを示唆している。

　加えて，情動調整戦略は作業成績や満足度といった役割上の成果だけでなく，
OCB に代表されるフォロワーの役割外行動にも影響することが示されている。
Fisk & Friesen（2012）は，質の低い LMX よりも質の高い LMX のフォロワー
の OCB に，リーダーの表層的活動がネガティブに影響することを示した。こ
のことについて，質の高い関係の人にとって，質の高い交換が構築される信頼
や敬意の原則と不誠実な情動調整戦略（表層的活動）が矛盾するためであると

考察されている。また，Caza et al.（2015）は，リーダーの情動的誠実さに関する知覚が，関係の質やリーダーへの信頼を介して，フォロワーの役割上の成績だけでなく役割外の成績も規定することを示している。

　以上のように，情動調整戦略が，リーダーシップ過程を調整することを示すことが示唆されている。

［2］情動管理に着目した研究

　Kaplan et al.（2014）は，リーダーの情動管理について，組織的な観点の獲得を促進するよう従業員の情動的な経験を調整し従業員を援助する過程や行動として，定義している。Tee（2015）は，効果的なリーダーは，意図的でない自動的な暗黙の情動伝染の効果を管理するようにリーダー自身の情動を調整することに加えて，信憑性や信頼性，そして，リーダーシップ効果性を高めるために，意識的で意図的な明示的情動伝染の効果を管理するように，フォロワーへの情動の表出も調整すると報告している。すなわち，リーダー自身の情動に加えて，他者，つまり，フォロワーの情動を管理する戦略が想定されている。

　Kaplan et al.（2014）は，リーダーの情動管理が，部下間（二者レベル），部下内（事例レベル）で変化すると指摘している。そのうえで，Kaplan et al.（2014）は，リーダーの情動管理行動を次の8つのカテゴリーとして捉えている。①個人間の機転の利いた方法での相互作用やコミュニケーション，②従業員への配慮と支持を示すこと，③従業員の行動に影響を与えるために情動表出を使用すること，④従業員の情動に配慮して仕事上の課題を構造化すること，⑤従業員の情動を高揚させるような機会を頻繁に提供すること，⑥公平で倫理的なマナーで行動すること，⑦同僚間での相互作用や関係を管理すること，および，⑧開放的で頻繁なコミュニケーションを継続すること，以上である。このように，フォロワーに対するリーダーの情動管理戦略を捉えたうえで，Kaplan et al.（2014）は，リーダーシップ過程における情動管理の効果について，図2-1のようなモデルを提示している。

　ただ，Dasborough & Ashkanasy（2002）は，他者を操作しようとする日常的な努力や過度の印象管理戦術の使用は，リーダーが下心をもっている，リーダーの意図が疑わしいとメンバーによって知覚されやすいということを示唆して

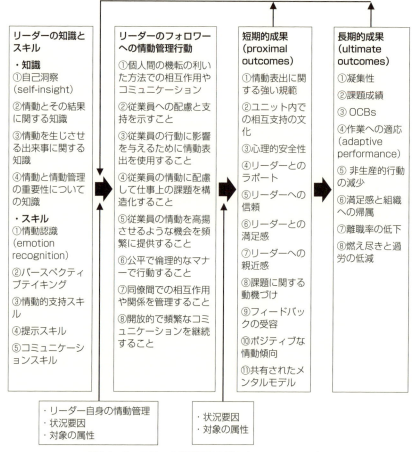

図 2-1　フォロワーの情動管理モデル（Kaplan et al., 2014）

いる。このことも踏まえれば，Kaplan et al.（2014）が挙げた③や⑤といった情動管理行動は，偽りのリーダーシップとフォロワーにみなされる危険性も含んだものであると言える。このような視点からも，情動管理行動に着目した研究の重要性が認識される。

　また，Little et al.（2015）は，IEM 戦略（Interpersonal Emotion Management Strategies）から，LMX と OCB との関連を検討している。ここで，Little et al.（2015）が取り上げた情動管理戦略は，状況修正（situation modification），

認知の変容（cognitive change），注意の配置（attentional deployment），および情動反応の調節（modulating the emotional response）である。状況修正は，望ましくない情動を引き出す状況や問題の側面を，変更，あるいは修正する積極的な努力であり，問題焦点型である。認知の変容は，目標，関心，および幸福への害を減らすように状況を再解釈，再評価することであり，問題焦点型である。注意の配置は，目標，関心，あるいは幸福に有害である状況の要素から離れ，よりポジティブな情動を促すために注意を逸らすことであり，具体的な方法として，ユーモア（ターゲットを笑わせるばかばかしい行動など）や共通の敵をけなすといった方法であり，情動焦点型である。情動反応の調節は，怒りや恥，そして悲しみのようなネガティブな情動の抑圧を求める組織の表出ルールに従うよう促すものであり，情動焦点型である。以上のように，Little et al.（2015）は，情動管理戦略（IEM 戦略）を 4 つとして捉えているが，それらを問題焦点型と情動焦点型とに大別しているように，フォロワーのネガティブな情動の源泉への対処の仕方で異なると示唆している。

　Little et al.（2015）は，情動管理行動の LMX への影響，そして，情動管理行動と OCB や仕事満足度との関係を LMX が媒介することを検討している。その結果，注意の配置と LMX との関連は認められなかったが，状況修正と認知の変容の 2 つの情動管理戦略のリーダーの使用に関するフォロワーの知覚は LMX にポジティブに影響し，情動的反応の調節（抑圧）のリーダーの使用に関するフォロワーの知覚が LMX にネガティブに関連することが示された。また，状況修正と認知の変容が LMX を通して OCB と仕事満足度に間接的に関連し，注意の配置は OCB と仕事満足度に間接的に関連しなかったが，情動反応の調節は LMX を通して，OCB と仕事満足度に間接的に関連することが示された。情動反応の調節が OCB と仕事満足度の両方と直接的にネガティブな関連をもつこと，認知の変容は仕事満足度と直接的にポジティブな関連をもつことも明らかにした。

　Tenzer & Pudelko（2015）は，多国籍なチーム（multinational team; MNT）を取り上げ，母国語が異なることに起因して生じる部下のネガティブな情動を緩和するために MNT リーダーがもつ 3 つの情動管理戦略を提案している。1 つは，重要な主張の頻繁な反復や言い換え，あるいは自身の母国語で協議する

ことをメンバーに許可することなどによる，言語の障害のネガティブな力を減少させることを狙う戦略である。また，ユーモアの使用を含む２つ目の戦略が，言語の障害へのメンバーの注意を減少させるリーダーシップ戦略である。３つ目は，言語能力と独立してメンバーの貢献を正しく評価するといった言語の障害（言語能力不足）によるネガティブな評価を減少させるリーダーシップ戦略である。

　Tenzer & Pudelko（2015）は，半構造化面接を実施し，多国籍なチーム（MNT）において，言語の障害が，言語能力不足でチームに貢献できないといった「自身に向けられた不安」と，同僚が彼らに有利になるように言語資源を使う方法に憤慨するといった「他者に向けた敵意」と呼べる２つのカテゴリーに分類できるネガティブな気持ち（feelings）を上昇させることを見出した。そのうえで，Tenzer & Pudelko（2015）は，言語に起因するネガティブな情動のMNTリーダーによる管理が，多様な文化や多言語のチームの成果を高める，すなわち，より生産的なチームの傾向を創造し，そのためリーダーに従うことへのメンバーの積極性を高めると述べている。

　ただし，Little et al.（2015）は，リーダーシップの重要な側面は，フォロワーのネガティブな情動を管理することだが，リーダーが使用する行動的戦略は検討され始めたばかりであり，リーダーとフォロワーの関係に，また，その後のフォロワーの行動や態度に，これらの戦略に関する知覚がもつ力については明らかにされていないと述べている。この指摘にもあるように，今後，さらにフォロワーの情動管理という観点からの検討が必要である。

4.　情動伝染（emotional contagion）

［１］自動的な情動の伝染に着目した研究

　集団のメンバー間で，情動が，自動的，非意識的に伝播（transfer）する過程が注目され，情動伝染（emotional contagion）過程として検討されている。情動伝染過程は，表情の模倣のような自動的で非意図的な傾向として説明される（Newcombe & Ashkanasy, 2002）。また，Dasborough & Ashkanasy（2002）は，気分や情動が情動伝播や相互同調といった無意識的な過程を通して暗黙の

うちに広がると同時に，情動は意識的な過程においても伝達されるとしている。Tee（2015）は，フォロワーからリーダーへの暗黙の，あるいは明示的・情動伝染過程は，チームとリーダーシップの成果に影響し，特に，リーダーシップ過程におけるフォロワーシップの役割の理解に関連する，と情動伝染の重要性を示唆している。

Wang & Seibert（2015）は，情動伝染理論（emotional contagion theory）に基づく研究を行っている。この情動伝染理論では，認知的な媒介がほとんどないまま，送り手によって表出された情動状態を，受け手が自動的に模倣するなどにより，同様の情動状態を経験するといった影響過程が説明されている。よって，送り手によるポジティブ（ネガティブ）な情動の提示は，受け手のポジティブ（ネガティブ）な情動状態を導く。加えて，Richards & Hackett（2012）は，個人の感情状態が伝播し，個人と集団の両過程に影響するため，ポジティブな気分が多くの協力，低い葛藤，そして高い主観的な成績評価をもたらすことが見出されていると述べている。

Johnson（2009）は，リーダーシップ状況（leadership situation）での気分（mood）と気分伝染（mood contagion）の役割を検討し，リーダーからフォロワーへの気分伝染がフォロワーの成果やリーダーに対する評価に重要な影響力をもつことを示唆し，具体的には次のような結果を明らかにした。映像刺激により気分誘導されたリーダーが，操作によってポジティブな気分を表出した場合に，ネガティブな気分を表出するよりも，フォロワーからよりカリスマ的リーダーシップを高く評価された。リーダーのポジティブな気分の表出が，ネガティブな気分の表出よりも，フォロワーからのよりよい作業成績を引き出した。また，リーダーのポジティブな気分の表出はネガティブな気分の表出よりも，フォロワーのポジティブな気分を引き出し，ネガティブな気分を抑えた。さらに，フォロワーのポジティブな気分がポジティブに，フォロワーのネガティブな気分がネガティブに，カリスマ的リーダーシップの評価と関連した。フォロワーのネガティブな気分はフォロワーのパフォーマンスにネガティブに関連したが，フォロワーのポジティブな気分は作業成績と有意な関連はもたなかった。また，フォロワーのポジティブな気分はリーダーの気分とフォロワーによるカリスマ的リーダーシップ評価との関係を部分媒介したが，フォロワーのネガテ

ィブな気分はリーダーの気分とフォロワーの作業成績との関係を部分媒介した。
　加えて，Johnson（2009）は，スピーチの内容よりも，伝え方，すなわち非言語的な表情などによる気分の伝達によって，フォロワーの気分に関する効果や，カリスマ的リーダーシップの評価の大半が引き出されたと考察している。すなわち，気分伝染の自動的な過程として，リーダーの気分がフォロワーの気分に伝染し，そのフォロワーの気分変化を介するものとして，リーダーの集団（フォロワー）への効果が説明されていると言えよう。

［2］ 上方向への伝染

　Tee et al.（2013）の研究は，フォロワーからリーダーへの上方向への情動の影響を，情動の伝染過程という観点から検討したユニークなものである。Tee et al.（2013）は，リーダーシップに関する返報的感情モデル（reciprocal affect model of leadership）を引用し，感情（affect）は個人や集団の間で共有される双方向的なものであり，フォロワーは，自身の気分（mood）の表出を通してリーダーの気分（mood）に影響できると提案している。すなわち，Tee et al.（2013）は次のように説明している。フォロワーの気分の表出は，無意識的にリーダーによって模倣され，この模倣する過程が，フォロワーと同じ気分をリーダー自身が感じることを引き起こす。よって，社会的な影響力の弱いフォロワーであっても，影響力の強いリーダーに対して，情動的な相互作用を通して，影響することを可能にする。

　具体的には，Tee et al.（2013）は，気分の伝播に関する先行研究に注目して，リーダーの業績へのフォロワーの気分の影響はリーダー自身の気分によって媒介されるという予測を検討している。彼らは，笑顔といった表情，リーダーに対する反応，リーダーと目を合わせるかどうかなど，言語的・非言語的な手がかりを演じるようフォロワーに依頼することでフォロワーの気分表出を操作した。また，この実験では，観察者として配された参加者が，指示の適切性などによってリーダーの効果性と，リーダーとフォロワーの作業時の気分を評価した。これらの実験の結果，リーダーはポジティブな気分を示すフォロワーに指示する場合によりポジティブな気分を，ネガティブな気分を示すフォロワーに指示する場合によりネガティブな気分を経験していると評価され，フォロ

ワーからリーダーへの上方向の影響が認められた。ただし，彼らが予測したフォロワーの気分とリーダーの効果性に関するリーダーの気分の媒介効果は，ポジティブな気分においてのみ確認され，ネガティブな気分では認められなかった。いずれにしても，感情の伝播（the transfer of affect）は，公式な階層構造を超えることを意味し，勢力の弱い個人が，感情の表出を通して，勢力の強い人に影響を及ぼすことができることを示した。

　リーダーシップは目標達成に向けた影響過程であり，リーダーからフォロワーへの一方向的な検討のみではなく，集団構成員間の相互作用過程として捉えるために，この伝染過程という観点からの検討は有益なものであろう。

5. 情動はリーダーシップの先行要因か

　本節では，リーダーシップ過程の中で，情動がどのように位置づけられ，検討されているかという視点でレビューを行い，整理を試みたい。リーダーシップ過程に関する検討は，基本的に，リーダーシップ行動が集団活動を規定するものとして検討されている。こういった検討に，別の観点を組み込む場合，リーダーシップ行動に影響する要因，または，リーダーシップと集団活動との関係を媒介・調整する要因を取り上げ検討がなされている。すなわち，情動に着目した研究の場合も，リーダーシップ行動に影響する先行要因として，あるいは，媒介・調整する要因として，情動が取り上げられるパターンがあり得る。さらに，もう1つのパターンとして，集団活動においてリーダーシップの代替物のように，情動と集団活動・成果との関連が検討されているものもある。

［1］情動と集団活動との関連
　リーダーシップ領域における情動に着目した研究の中に，情動と集団活動・成果との直接的な関係を検討するものがある。
　まず，先述したように，Tee et al.（2013）は，ポジティブな気分が創造性を促進し，工夫や変革を求められる問題の解決を可能にさせると指摘している。また，Gentry, Clark, Young, Cullen, & Zimmerman（2015）は，オーストラリアの実際の管理者から得られたデータから，共感的関心を伝える行動を示すリ

ーダーがキャリアから外れる可能性の評価が低くなることを見出している。

　Gaddis et al.（2004）は，最善を尽くすよう指示する促進目標と過ちを避ける
よう指示する抑制目標の操作を行った結果，効果性に関する部下の知覚が，ポ
ジティブな感情を示したリーダーについては，抑制的な目標を活性化した場合
よりも，促進的な目標を活性化した場合に，ネガティブな感情を示したリーダ
ーについては，促進的な目標を活性化した場合よりも，抑制的な目標を活性化
した場合に，より高くなったことを示している。すなわち，目標焦点に調整さ
れるが，リーダーの感情表出が効果性知覚を規定することが示されている。

　また，Koning & Van Kleef（2015）は，組織の運営において重要であるが，
その促進が困難である OCB について，リーダーの情動表出が重要な影響力を
もつことを示しており，この知見を大きな成果であると考察している。

　Caza et al.（2015）は，先述のとおり，情動調整戦略の表層的活動と深層的
活動を含むリーダーの情動的誠実さ（emotional sincerity）に注目し，文化的
背景の異なるアメリカと中国での 2 つの検討を行い，真の（authentic）リーダ
ーシップ，および変革型リーダーシップを統制した後でも，情動的誠実さが従
業員の管理者への信頼や管理者への満足感と，ポジティブに関連することを見
出した。

　さらに，Stouten（2008）は，自身や他者の情動を経験し理解することを望み，
判断や決定に情動的な経験を利用する程度である情動欲求（need for emotion）
に着目して，リーダーの公平性に関する検討を行っている。その結果，情動欲
求が高いフォロワーは，公平の侵害者がフォロワーであるよりもリーダーであ
る場合に，公平を侵害する者（リーダー）に対してより怒りを感じ，侵害者を
進んで除外するが，情動欲求の低いフォロワーは，公平の侵害者がフォロワー
である場合に，侵害者（フォロワー）に対してより怒りを示し，集団から侵害
者を進んで除外しようとすることが示された。つまり，情動欲求が集団内での
態度を規定することが示されている。

　以上のように，リーダーとフォロワーで営まれる集団活動と情動との直接的
な関連を検討する研究が見られる。

［2］情動と集団活動との関連をリーダーシップが媒介する

　先述の Johnson（2009）は，気分伝染（mood contagion）の役割に着目した検討から，リーダーのポジティブな気分の表出が，フォロワーからのより高いカリスマ的リーダーシップ評価を介して，よりよい作業成績を引き出したことを報告している。Little et al.（2015）は，情動管理行動と OCB や仕事満足度との関係を LMX が媒介することを示している。

　Sy, Choi, & Johnson（2013）は，リーダーの特性的な情動の表出性（Time 1）が，リーダーのカリスマ性に関する集団知覚（Time 1）を介して，ポジティブ・ネガティブな集団の気分（Time 2）に影響することを，縦断調査で明らかにした。また，集団気分（Time 2）は，リーダーの効果性に関する集団の知覚（Time 2）に影響する，すなわち，ポジティブな気分は効果性を高め，ネガティブな気分は効果性を低下させるという関連が見出された。加えて，効果性に関する知覚（Time 2）が集団の気分（Time 2）とカリスマに関する知覚（Time 3）の関係を媒介することも明らかにしている。つまり，リーダーの情動の表出性（Time 1）によって当初規定されるカリスマ性（Time 1）が，集団の気分（Time 2）を介してフォロワーによるリーダーの効果性知覚（Time 2）を規定し，その効果性がリーダーのカリスマ性（Time 3）に影響するという循環的なモデルが提案された（図2-2）。よって，リーダーの情動がカリスマ性というリ

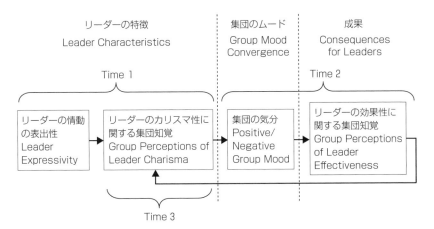

図 2-2　情動とカリスマ性，集団ムード，および成果に関する循環モデル（Sy et al., 2013）

ーダーシップ要素を介して効果性を規定することが示されている。

　Joseph et al.（2015）は，変革型リーダーシップがリーダーの特性的感情（trait affectivity）と効果性との関係を媒介すると提案している。すなわち，ポジティブ（ネガティブ）な感情を示す個人は変革的なリーダーシップスタイルを採用しやすく（採用しにくく），このリーダーはより効果的である（ない）と知覚されやすいと説明している。このことを，Joseph et al.（2015）は，19世紀後半から2014年の研究9,499件を抽出したうえで基準を満たす25研究を対象にメタ分析を実施し確認している。メタ分析の結果，効果性に関するポジティブ感情の効果が変革型リーダーシップ行動によって完全媒介されるが，ネガティブ感情の効果は部分的に媒介されるのみであることが示されている。

　以上のように，情動と集団活動との関係をリーダーシップが媒介するという観点での研究が存在する。

［3］リーダーシップと集団活動との関連を情動が媒介する

　先述のように，Lin et al.（2015）は，ポジティブな感情が，LMX と，従業員の創造的な業績（creative performance）との関係を媒介することを示している（図2-3）。

　Menges, Kilduff, Kern, & Bruch（2015）は，変革型リーダーシップの中のカリスマ的リーダーシップと個別的配慮リーダーシップの文脈において，フォロワーが情動表出をどのように調整するかを検討した。Menges et al.（2015）は，実験的検討において，カリスマ的リーダーシップをフォロワーが高く知覚する場合に情動表出を抑制する傾向にあり（畏まる効果（awestruck effect）），リーダーの個別的配慮をフォロワーが高く知覚する場合にフォロワーは情動を表出することを見出している。また，これらの変革型リーダーシップとフォロワーの情動表出傾向の関連について，情動がポジティブなものかどうかとリーダー

図2-3　リーダーシップが感情を介して成績に影響するモデル（Lin et al., 2015）

シップの交互作用効果は見出されていない。また，企業組織の従業員を対象とした調査も行われたものの，カリスマ的リーダーシップと個別的配慮リーダーシップの弁別性が担保されなかったため，仮説の検証がなされなかった。このため，弁別性の高い尺度の開発が必要であると提言している。

　また，To, Tse, & Ashkanasy（2015）は，次のことを提案している。変革型リーダーシップの中でも，理想化された影響と動機づけの鼓舞という2つの集団注目型のリーダーシップは，フォロワー個人の感情状態に左右されず，フォロワーの創造的過程への従事を高める。個人間レベルで考慮した場合，ネガティブな感情を経験するときには，個別的配慮と知的刺激といった個人注目型のリーダーシップの効果は低減される。ただし，個人内のレベルで考えた場合，感情価に関わりなく，個別的配慮と知的刺激といった2つの個人注目型のリーダーシップがフォロワーの創造的過程への従事を高める。つまり，個人間レベルにおいて，個人注目型のリーダーシップの効果はフォロワーの感情に調整されることが示されている。

　加えて，情動の媒介効果ではないが，リーダーシップと情動との関連を示す研究がある。Griffith, Connelly, Thiel, & Johnson（2015）は，カリスマ的，観念的，また実利的（CIP; charismatic, ideological, pragmatic）リーダーが情動表出と影響方略の使用においてどのように異なるかを検討した。Griffith et al. (2015) は，カリスマ的リーダーとして，ヨルダンの Abdullah II，Madeleine Albright（元米国務長官），Tony Blair（元英首相）を，観念的リーダーとして，Bella Abzug（米の女性政治家），Idi Amin（ウガンダ元大統領，独裁者），Jim Bakker（米プロテスタントの伝道番組に出演していた宗教団体代表）を，実利的リーダーとして，Kofi Annan（元国連事務総長），Benazir Bhutto（イスラム圏初の女性首相であるパキスタン元首相），Michael Bloomberg（元ニューヨーク市長）などを抽出し，公の場でのスピーチ映像を用いた事例研究を行っている。各人物のスピーチ映像について，情動表出，情動的信憑性，情動的不安定さといった基準についての評価と，メッセージの明瞭さといったコミュニケーションの効果性やフォロワーの満足感を検討し，次のようなリーダーシップのパターンと情動表出傾向の関連についての結果を得ている。カリスマ的リーダーは，観念的リーダーや実利的リーダーよりも，ポジティブな情動をより表出

する。観念的リーダーは，カリスマ的リーダーや実利的リーダーよりも，ネガ
ティブな情動を表出する。情動的な不安定さは，カリスマ的リーダーと実利的
リーダーよりも，観念的リーダーにおいてより高く知覚される。すなわち，リ
ーダーのタイプによって情動表出傾向が異なることが確認されている。ただし，
この検討においては，リーダーのタイプでの効果性の差異は認められなかった。
　以上のように，リーダーシップが先行し，情動を介して，集団活動が規定さ
れるという研究が存在する。

6.　まとめとパースペクティブ

　リーダーシップ過程における情動の役割に着目した研究は，近年，改めて多
く見られるようになっている。ここまでに示したように，数年前の動向として
は，EI に代表される特性，あるいは能力といった観点で情動を捉える研究スタ
イルが多く見られたが，最近では，情動表出やそれに関連する情動調整，ある
いは情動管理戦略といった行動的な側面として情動に着目する研究が増加して
いる（e.g., Fisk & Friesen, 2012; Jordan & Lindebaum, 2015; Little et al., 2015）。
　また，情動を 1 つの要因として捉え，リーダーシップ過程を検討する研究で
も，複数の検討パターンが存在する。情動をリーダーシップの代替物と言える
ような要因として扱うもの，リーダーシップ過程を媒介する要因として捉える
もの，あるいは，リーダーシップの効果の規定因として捉えるものなどである。
リーダーと複数のフォロワーから，場合によっては上位の管理者を含めた構成
体として形成される集団，あるいは組織の過程として，リーダーシップ研究が
なされることにも，このことは起因するとも言えるだろう。情動は，リーダー
のものでもあると同時に，当然ながらフォロワーのものでもある。リーダーシ
ップ過程の中で，どのように情動を位置づけ，新たな検討を行うかが，自明で
はあるが，1 つの重要なポイントとなる。では，具体的な研究の新たな方向性
としてどのようなものが挙げられるだろうか。
　まず，情動表出の適切性に関する検討を発展させることである。Damen et
al.（2008）は，自身の感情に一致するリーダーの感情表出に接したフォロワーは，
一致しない感情表出に接したフォロワーよりも，認知的な負荷が少なく，リー

ダーのメッセージをより容易に受け止めると考察し，この認知的負荷に着目した検討を今後，行うべきだと提案している。このような指摘もあるように，リーダーの感情表出と，フォロワーの感情状態との一致が，組織，集団内での相互作用過程にどのように影響するのかをさらに詳細に検討する必要性は高い。

　また，先述のとおり，Little et al.（2015）は，リーダーシップの重要な側面は，フォロワーのネガティブな情動を管理することであるが，リーダーが使用する行動的戦略は検討され始めたばかりであるため，リーダーとフォロワーの関係に，また，その後のフォロワーの行動や態度に，これらの戦略に関する知覚がどのような効果をもつかを検討すべきであると提案している。このように，情動調整戦略，あるいは，情動管理戦略に関する検討の発展も望まれる。たとえば，Fisk & Friesen（2012）は，今後の研究は，情動調整とフォロワーの行動や態度の関係を媒介する要因を検討すべきであると提案している。また，Tee et al.（2013）が提案しているように，フォロワーのネガティブな気分に対するリーダーの感受性を含むメカニズムも今後の研究で検討すべき1つの方向性である。Tee et al.（2013）も，気分表出を操作した実験を行っているが，ネガティブな気分に関してその操作の難しさから予測が支持されなかった可能性があると考察しており，無関心と知覚されないよう，よりあからさまな操作を行うことを検討すべきだとも示唆している。特にネガティブな情動は，集団活動に対して回避すべき重大な結果を生じさせることが考えられるからこそ，その対策を講じるべく，情動調整，あるいは情動管理戦略の観点から，実践的な貢献が可能な検討を行うことの重要性は非常に高い。

　さらに，情動に着目した検討を行ううえでの1つの観点は，リーダーシップ領域以外の社会心理学の領域での知見を融合させるものであろう。たとえば，先述の Richards & Hackett（2012）は，愛着理論から説明された LMX の研究は存在しないが，リーダーとフォロワーの関係における勢力差は親子関係と類似しており，愛着理論から LMX 過程を検討すべきであると指摘している。実際，Richards & Hackett（2012）は，愛着スタイルに関連する情動的な反応が，情動調整によって調節されることが重要であると説明しており，さらなる検討の余地があるものと思われる。また，目標焦点に着目した Gaddis et al.（2004）の研究もあるが，このような認知スタイルに注目し，リーダーシップ過程にお

ける情動の役割にアプローチすることも有益な観点であると言えよう。

　加えて，情動，感情，あるいは気分の表出に対して，共感的に理解を示すことの重要性も指摘されている。このような観点を踏まえ，ジェンダーステレオタイプに依拠した検討も行われている。先述のとおり，Gentry et al.（2015）は，管理者から得たデータから，共感的関心を伝える行動を示すリーダーはキャリア逸脱の評価が低くなることを見出しているが，この関係の統計的に有意な調整変数として性別を見出している。すなわち，女性が性別規範と一致するステレオタイプ的な女性的価値を示すなら，女性リーダーのネガティブな評価は和らげられ，より影響力があり好ましいと他者から評価されると解釈できると示されている。

　加えて，Fischback, Lichtenthaler, & Horstamann（2015）は，情動表出に関する知覚について，ジェンダーステレオタイプとの関連を検討している。具体的には，①成功した管理者，②一般男性，③一般女性，④男性管理者，⑤女性管理者，⑥成功した男性管理者，あるいは⑦成功した女性管理者の各対象について17の情動を表出することが特徴的であるかどうかの評価を，男女の計1,098名の管理者および従業員の回答者に求め，各対象間の評価の一致度に参加者の性別による差異があるかを検討している。検討の結果，対象が男性である場合に比べ女性である場合に，リーダーシップにおける情動表出の価値を欠落させていると回答者が信じていることが示されている。すなわち，男性管理者と男女の従業員の回答者は，評価対象の男性と成功した管理者の情動表出は一致するが，女性の情動表出を成功した管理者の情動表出から非常に異なるものとして説明した。女性管理者の回答者だけが，成功した管理者と一般女性の情動表出とを類似していると説明し，男性と女性がリーダーシップで求められる情動を同様に表出すると信じていたことが明らかになった。つまり，女性管理者を除く回答者がジェンダーステレオタイプを示したと，彼らは考察している。

　このように，情動表出という観点から，改めてリーダーシップ領域における性別に関わる特徴的な知見を解釈し，説明を試みることも，今後，さらに進めるべき研究の方向性であると思われる。

引用文献

Caza, A., Zhang, G., Wang, L., & Bai, Y. (2015). How do you really feel? Effect of leaders' perceived emotional sincerity on followers' trust. *Leadership Quarterly, 26*, 518-531.

Damen, F., van Knippenberg, B., & van Knippenberg, D. (2008). Affective match in leadership: Leader emotional displays, follower positive affect, and follower performance. *Journal of Applied Social Psychology, 38*, 868-902.

Dasborugh, M. T., & Ashkanasy, N. M. (2002). Emotion and attribution of intentionality in leader-member relationships. *Leadership Quarterly, 13*, 615-634.

Fischback, A., Lichtenthaler, P. W., & Horstamann, N. (2015). Leadership and gender stereotyping of emotions: Think manager-Think male? *Journal of Personnel Psychology, 14*, 153-162.

Fisk, G. M., & Friesen, J. P. (2012). Perceptions of leader emotion regulation and LMX as predictors of followers' job satisfaction and organizational citizenship behaviors. *Leadership Quarterly, 23*, 1-12.

Gaddis, B., Connelly, S., & Mumford, M. D. (2004). Failure feedback as an affective event: Influences of leader affect on subordinate attitudes and performance. *Leadership Quarterly, 15*, 663-686.

Gentry, W. A., Clark, M. A., Young, S. F., Cullen, K. L., & Zimmerman, L. (2015). How displaying empathic concern may differentially predict career derailment potential for women and men leaders in Australia. *Leadership Quarterly, 26*, 641-653.

Griffith, J., Connelly, S., Thiel, C., & Johnson, G. (2015). How outstanding leaders lead with affect: An examination of charismatic, ideological, and pragmatic leaders. *Leadership Quarterly, 26*, 502-517.

Johnson, S. K. (2009). Do you feel what I feel? Mood contagion and leadership outcomes. *Leadership Quarterly, 20*, 814-827.

Jordan, P. J., & Lindebaum, D. (2015). A model of within person variation in leadership: Emotion regulation and scripts as predictors of situationally appropriate leadership. *Leadership Quarterly, 26*, 594-605.

Joseph, D. L., Dhanani, L. Y., Shen, W., McHugh, B. C., & McCord, M. A. (2015). Is a happy leader a good leader? A meta-analytic investigation of leader trait affect and leadership. *Leadership Quarterly, 26*, 558-577.

Kaplan, S., Cortina, J., Ruark, G., LaPort, K., & Nicolaides, V. (2014). The role of organizational leaders in employee emotion management: A theoretical model. *Leadership Quarterly, 25*, 563-580.

Koning, L. F., & Van Kleef, G. A. (2015). How leaders' emotional displays shape followers' organizational citizenship behavior. *Leadership Quarterly, 26*, 489-501.

Lin, C. C., Kao, Y. T., Chen, Y. L., & Lu, S. C. (2015). Fostering change-oriented behaviors:

A broaden-and-build model. *Journal of Business and Psychology, 31* (3), 1-16.

Little, L. M., Gooty, J., & Williams, M. (2015). The role of leader emotion management in leader-member exchange and follower outcomes. *Leadership Quarterly, 27,* 85-97.

Menges, J. I., Kilduff, M., Kern, S., & Bruch, H. (2015). The awestruck effect: Followers suppress emotion expression in response to charismatic but not individually considerate leadership. *Leadership Quarterly, 26,* 627-641.

Newcombe, M. J., & Ashkanasy, N. M. (2002). The role of affect and affective congruence in perceptions of leaders: An experimental study. *Leadership Quarterly, 13,* 601-614.

Richards, D. A., & Hackett, R. D. (2012). Attachment and emotion regulation: Compensatory interactions and leader-member exchange. *Leadership Quarterly, 23,* 686-701.

Stouten, J. (2008). Challenging the leader or the follower: Influence of need for emotion and equality violations on emotional and retributive reactions in social dilemmas. *Journal of Applied Social Psychology, 38,* 1378-1394.

Sy, T., Choi, J. N., & Johnson, S. K. (2013). Reciprocal interactions between group perceptions of leader charisma and group mood through mood contagion. *Leadership Quarterly, 24,* 463-476.

Tee, E. Y. J. (2015). The emotional link: Leadership and the role of implicit and explicit emotional contagion processes across multiple organizational levels. *Leadership Quarterly, 26,* 654-670.

Tee, E. Y. J., Ashkanasy, N. M., & Paulsen, N. (2013). The influence of follower mood on leader mood and task performance: An affective, follower-centric perspective of leadership. *Leadership Quarterly, 24,* 496-515.

Tenzer, H., & Pudelko, M. (2015). Leading across language barriers: Managing language-induced emotions in multinational teams. *Leadership Quarterly, 26,* 606-625.

To, M. L., Tse, H. H. M., & Ashkanasy, N. M. (2015). A multilevel model of transformational leadership, affect, and creative process behavior in work teams. *Leadership Quarterly, 26,* 543-556.

Wang, G., & Seibert, S. E. (2015). The impact of leader emotion display frequency on follower performance: Leader surface acting and mean emotion display as boundary conditions. *Leadership Quarterly, 26,* 577-593.

◆3 個人特性とリーダーシップ

池田　浩

1. リーダーの個人特性とは

[1] リーダーの個人特性研究のパラドックス

　リーダーになる人とそうでない人にはどのような違いがあるのだろうか。あるいは，高い成果を上げるリーダーとそうでないリーダーでは何が違うのだろうか。かつて社会心理学では，その答えをリーダーが内的に保有する「個人特性」（知能やパーソナリティなど）に求めてきた。またこのリーダーの個人特性を探る試みは，1900年代から着手されたリーダーシップ研究の最初のアプローチでもある。

　しかし，Stogdill（1948）に代表されるレビューを機に，1950年代以降リーダーの「個人特性」を探る試みは衰退し，リーダーシップ研究において「個人特性」は影を潜めるようになった。他方で，個人特性を代表するパーソナリティの研究分野に目を転じてみると，人間のパーソナリティについて多様な理論や測定尺度が相次いで開発され，さらにパーソナリティが個人の感情や行動に果たす機能の解明も進み，大きな進展を遂げている。ところが，それをリーダーシップ研究に適用することはほとんどなされてこなかった。

　その理由は大きく2つ存在するように思われる。1つは，1900年から50年間ほどリーダーの個人特性研究は精力的に行われてきたものの，それらの数多くの研究をレビューしたStogdill（1948）やMann（1959）の研究において，一見するとリーダーシップ過程において状況普遍的に頑健な効果をもつリーダーの個人特性の存在は見当たらないと結論づけられてしまったことである。それ

によって，リーダーシップ研究において個人特性を検討することは生産的でないと考えられるようになり，その後，リーダーの「行動」に関心が移るようになった。しかし，1900 年からの半世紀にわたって検討されてきた個人特性の研究が意味をなさない訳ではない。その後に開発されたメタ分析などの統計技法を活用すれば，複数の研究で得られた知見を統合的に結論づけることが可能になっている。その結果は，後述するようにわれわれが悲観するようなものではなく，むしろ個人特性の存在や役割を冷静に検討することの必要性を強く主張するものである。

　2つ目の理由は，リーダーシップについて研究者か実務家かにかかわらずよく議論の対象になる，リーダーは「生まれるもの」かあるいは「つくられるもの」か（born vs. made）という主題と関係する。換言すると，リーダーシップは，先天的な資質によって決まるのか，あるいは後天的な教育や学習によって決まるのか，という議論である。

　この議論では，必ずと言っていいほど，リーダーシップに先天的な資質は必要ではなく，むしろ後天的な学習や教育が重要視される。しかし，この議論の帰結には注意を要する。すなわち，リーダーシップにおいて，教育や学習の重要性は指摘するまでもないものの，そこだけに関心を向けることで，あまりに個人特性の役割を軽視してしまうことになる。事実，最近では，リーダーの役割を担うかどうかは遺伝的要因によって，ある程度説明することができるようになっている（e.g., Arvey, Rotundo, Johnson, Zhang, & McGue, 2006; Arvey, Zhang, Avolio, & Krueger, 2007）。重要なことは，これまで重視されてきた後天的な要因（教育と学習）の必要性を認めつつ，それに加えて個人特性の要因がリーダーシップ過程においてどこに，どれくらいの効果をもつのかを最新の統計的，方法論的手法を踏まえて冷静に理解することであろう。

　こうした状況において，欧米においては，Lord, de Vader, & Alliger (1986) を機に個人特性の効果が見直され，かなりの研究が蓄積されている。また個人特性とリーダー行動を統合するモデルも提案されている（e.g., DeRue, Nahrgang, Wellman, & Humphrey, 2011）。さらに，リーダーシップの専門学術誌である *Leadership Quarterly* では，10 年ごとにリーダーシップの研究動向をレビューしている。刊行から 20 年にあたる 2014 年の特集論文の1つであ

る Dinh et al.（2014）では，2002 年から 2012 年までの期間において，心理学ならびに経営学のトップジャーナル 10 誌に掲載された 752 編のリーダーシップ研究論文の動向を整理したところ，個人特性（特性論）を扱った研究論文は 149 編（全体の 20％）と第 4 位の多さを占めている。しかし，わが国においては，リーダーの個人特性に着目した研究はごくわずかな数にとどまっており（池田・古川, 2005a, 2005b; 施・浦・菅沼, 2006），社会心理学や産業・組織心理学の分野で個人特性研究の現状を紹介されることはなく，今もって個人特性の効果は認められない，と紹介する教科書や論文も多い。

　本章の目的は，リーダーシップにおいて個人特性が果たす役割について整理することである。そのために，まずリーダーシップ研究において個人特性が取り上げられた歴史的変遷をその当時の社会背景や心理学の学問の発展を考慮しながら概観する。次に，個人特性の果たす役割を明確にするために，新たにリーダーシップのプロセスとして，リーダーの発生，リーダー行動の発現，集団・組織のパフォーマンス（客観的指標および主観的指標）に分けて従来の知見を可能な限り統計量を添えながら位置づけていく。それによって，どの個人特性がどのプロセスにどれくらいの効果をもつかを明確にしていく。

［ 2 ］ 個人特性とは何か

　まずはじめに個人特性とは何か整理しておこう。リーダーの個人特性（leader traits）は，非常に曖昧かつ複雑な仮説構成概念である。それが多くの混乱を招いてきた一因と言えるだろう。たとえば，個人特性を，比較的安定したものと捉えるか，あるいは状況によって変動するものと捉えるかによって，個人特性がリーダーシップに果たす役割について大きく考え方が異なってくる。実は，従来のリーダーシップ研究では，個人特性を先天的で非常に安定した資質と考えてきたために，その後の研究が停滞してしまったと言える。しかし，表 3-1 に示されている過去の特性論研究（e.g., Stogdill, 1948; Mann, 1959）で取り上げられた個人特性の内容を見ると，必ずしも遺伝的な要素の強い特性（知能など）に限定されず，環境によって形成される特性（自信や耐性など）まで多様なものが含まれていることに気づく。

　こうした中で，Zaccaro, Kemp, & Bader（2004）は，リーダーの個人特性を

表 3-1　リーダーの個人特性

Stogdill (1948)	Mann (1959)	Stogdill (1974)	Lord et al. (1986)	Kirkpatrick & Locke (1991)	Northouse (2007)
知能	知能	学力	知能	動機	自信
機敏性	適応性	持続性	男性性	モチベーション	判断力
洞察力	支配性	洞察性	支配性	誠実性	誠実性
責任力	外向性	指導性		認知能力	社交性
指導性	保守性	自信		課題知識	
持続性		責任性			
自信		協調性			
社交性		耐性			
		影響力			
		社交性			

「多様な集団あるいは組織状況を通して，リーダーの一貫したパフォーマンス（認知や行動）を促進するような，比較的安定した個人の特徴」と定義している。そして，この個人特性には，パーソナリティ（ビッグファイブなど）や気質，動機，認知能力，スキルなど多様なものが含まれるとしている。

　さらに最近，DeRue et al.（2011）は，リーダーシップ効果性を予測するためにリーダーの個人特性とリーダーシップ行動との統合的モデルを構築し，このモデルの中で従来の研究で取り上げられてきた個人特性を3つに整理している。1つ目は，「人口統計学的変数」（demographics）であり，ジェンダー，年齢，身長，体重，社会的地位などを指す。2つ目は「課題コンピテンス」であり，知能，誠実性，経験への開放性，情動安定性，リーダーシップ効力感が含まれる。3つ目は「対人的属性」で，外向性，協調性，コミュニケーションスキル，情動知能などを含む。

　また，Hoffman, Woehr, Maldagen-Youngjohn, & Lyons（2011）は，個人特性を「安定特性」と「状態特性」の2つに整理している。「安定特性」には，パーソナリティや知能，達成動機，支配性，創造性など比較的安定した特性が含まれる。それに対して，「状態特性」には対人的スキル，オーラルコミュニケーションスキル，記述スキル，管理スキル，問題解決スキルなど後天的に学習される特性が含まれる。Hoffman et al.（2011）の「安定特性」と「状態特性」の分類をさらに発展させると，それらはリーダーシップ・プロセスに対してどの程度直接的あるいは間接的に関わるかを意味する。Zaccaro et al.（2004）は，

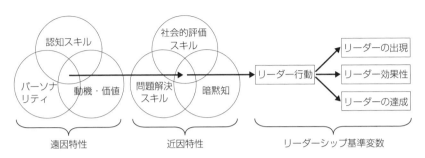

図 3-1　リーダー特性モデル（Zaccaro, Kemp, & Bader, 2004）

　リーダーシップの基準（結果）変数としてのリーダーの出現や効果性，そして
それに先立つプロセスとしてのリーダー行動にどれだけ直接的な影響力をもっ
ているかについて，個人特性を「遠因特性」と「近因特性」に分けて，図 3-1
のようなモデルを提示している。

　遠因特性は，リーダー行動やリーダーシップの基準変数に対して近因特性を
介して影響を与える。具体的には，認知スキルやパーソナリティ，動機・価値
が含まれる。それに対して，近因特性とは，リーダー行動に直接的に影響する
特性であり，社会的評価スキルや問題解決スキル，暗黙知を意味する。

　こうして，個人特性を複数の次元で整理してみると，多くのことを理解する
ことができる。まず 1 つは，個人特性には，先天的に形作られる素質などの特
性だけではなく，後天的に学習や経験によって形作られる特性も数多く存在す
ることである。

　また個人特性には，リーダーシップ過程に対して複数のプロセスを経て影響
する「遠因特性」もあれば，リーダー行動に直接影響を与えるような「近因特
性」も存在する。これは，個人特性がリーダーシップ過程に果たす役割を位置
づけるうえでも重要な視点である。

2.　リーダーシップにおける個人特性研究の変遷

　リーダーの個人特性が果たす役割を理解するうえで，なぜ個人特性に着目す
るようになったのか，またなぜ一度衰退し，再び脚光を浴びるようになったの

か，その歴史的変遷を理解する必要がある。本節では，個人特性研究が大きな変化に直面した分岐点を境に，①萌芽期（1900 年〜 1940 年代），②混乱と衰退期（1940 年代〜 1950 年代），③復興期（1986 年頃），④飛躍期（2000 年代以降）に分けて歴史的変遷を概観する。

［1］萌芽期と混乱期（1900 年〜 1940 年）

　リーダーシップに対する関心は古く 19 世紀に遡る。イギリスの歴史家である Carlyle（1907）が歴史上の指導者に共通する資質・能力を抽出しようと試みて，偉人論（great man theory）を提唱したことが，リーダーシップならびに個人特性研究の始まりである。

　そして，20 世紀に入ると半世紀の間に世界を揺るがす 2 つの大きな大戦が勃発した。この時期，ドイツのナチスを率いたヒトラーやアメリカ合衆国の大統領であるルーズベルト，ソ連共産党書記長であるスターリンなど歴史に残る指導者が数多く生まれた。こうしたことからも，リーダーシップへの関心として，指導者（リーダー）とそうでない人との違いとして個人特性に関心が向けられていったと言える。しかし，残念ながら科学的な検証には至らず，偉人論に関わるアプローチは十分な成果を得るに至っていない。

　時を同じくして，心理学においては知能（Binet & Simon, 1921）など個人差を探る研究が盛んに行われるようになった。それは，リーダーシップ研究にも大きな影響を与え（Day & Zaccaro, 2007），リーダーの個人特性をより科学的な方法を用いながら，主に 2 つの視点から検討する機運が高まるようになる。1 つは，「リーダーの出現あるいは発生」（leadership emergence）に関する研究である。すなわち，どのような個人特性（資質やパーソナリティ）をもった人物が，集団や組織においてリーダーとして選ばれるのかである。具体的には，リーダーが存在しない討議集団を設定し，そこでの相互作用を通してリーダーとして選出される人とそうでない人との個人特性が比較検討された。

　もう 1 つのアプローチは，どのような個人特性をもったリーダーの下で，集団や組織が効果的で，生産性が高いかを明らかにしようとした「リーダーシップの効果性」（leadership effectiveness）に関する研究である。このアプローチでは，リーダーの個人特性と集団または組織のパフォーマンスとの関係性が検

討されている。

[2] 混乱期（1940 年〜 1950 年）

　個人特性に関わる 2 つのアプローチに関する研究は，1900 年からの半世紀で数多く行われた。それを踏まえて，1950 年前後には多くの特性論研究によって得られた知見をもとに大きな結論を導こうとする試みがなされるようになった。その代表的なレビューの 1 つが Stogdill（1948）である。Stogdill は，1904 年から 1947 年までの 124 編にわたる研究知見を丁寧に整理し，優れたリーダーの個人特性として，「知能」（判断力や創造性等），「素養」（学識，経験），「責任感」（信頼性や自信等），「参加性」（活動性，社交性，協調性，ユーモア等），「地位」（社会経済的地位や人気）を見出している。しかし，これらは明確な結果を示しているわけではなく，必ずしも研究間で一貫したものではなかった。たとえば，ある個人特性とリーダーシップとの関係が強いと示す研究もあれば，そうでない研究もある。

　このことを受けて，リーダーの個人特性に関して極端にネガティブな解釈がなされるようになった（Day & Zaccaro, 2007）。たとえば，Jenkins（1947）は，軍隊のリーダーに関する研究から，「リーダーとフォロワーを区別しうる唯一の特性は存在しない」と述べている（pp. 74-75）。また，Stogdill（1948）も「リーダーに求められる特性や技能は，そのリーダーが率いる集団や事態の特徴によって決まる」と結論づけている。またその後の Mann（1959）のレビューにおいても同様の結論が示されている。

　こうした否定的な結論が多くの社会心理学ならびに産業・組織心理学のテキストで紹介されるようになり（e.g., Chemers, 1997），その後，リーダーの個人特性を追究する研究は一気に衰退した。それによって，効果的なリーダー行動を探求することにリーダーシップ研究の関心が移っていった。

[3] 復興期（1986 年〜）

　1950 年代以降，リーダーシップ研究において，直接的に観察可能な効果的なリーダー行動を明らかにする行動アプローチに関心が集まるようになった（e.g., Fleishman & Harris, 1962）。さらには，効果的なリーダーシップは状況

に依存するという立場に立つコンティンジェンシー・アプローチとして，いくつもの理論が提唱された（e.g., Fiedler, 1967）。

　一方で，この間に心理学の領域では，個人特性に関連して2つの大きな発展を遂げる。1つは心理尺度の開発と精緻化である。Stogdill（1948）以前に測定された個人特性（知能やパーソナリティなど）の測度は，当時は必ずしも信頼性と妥当性が十分に満たされたものではなかった。したがって，個人特性とリーダーシップとの関連性を検討した研究間で一貫性が見られない原因は，それぞれの研究によって用いられた心理尺度が異なるか，あるいは十分に精緻化されていなかったことに求めることができる。それに対して，1980年代後半には，パーソナリティを5因子で説明するビッグファイブ（Big Five）論（McCrae & Costa, 1987）が定着し，リーダーシップだけでなく職務パフォーマンスなどさまざまな構成概念との関連性が統合的に明らかになってきている（Barrick & Mount, 1991; Hurtz & Donovan, 2000）。

　もう1つは，統計的手法の開発である。Stogdill（1948）らの研究発表当時は，複数の研究の結果を統合するための分析手法は存在せず，やや主観的な結論に偏っていた。それに対して，1960年代以降には複数の研究の結果を統合して，より高い見地から分析するメタ分析（meta-analysis）が使用されるようになり，大局的な結論を得ることが可能になった。

　そして，このメタ分析をリーダーの個人特性研究に取り入れて検討したのが，Lord et al.（1986）である。従来の研究では，個人特性とリーダーシップとの関係を検討する際，リーダーの発生に関する研究とリーダーシップの効果性に関する研究がほとんど区別されていなかった。Lord et al.（1986）はこの点を明確に区別しながら，特性論研究をレビューしたMann（1959）で取り上げられたデータに基づいてメタ分析を行っている。

　その結果は，かつてわれわれがリーダーシップの個人特性に対して抱いていた悲観的な考えを大きく覆すものであり，リーダーの個人特性の中でも特に知能（intelligence）や男性性（masculinity），支配性（dominance）は，フォロワーや上司が評価するリーダーシップの効果性認知と頑健な関係性をもつことが明らかになった。

［4］飛躍期（2000年代以降）

　パーソナリティのビッグファイブ論（McCrae & Costa, 1987）と統計手法としてのメタ分析の開発は、リーダーの個人特性研究を一気に進展させた。その大きな役割を担ったのがフロリダ大学の T. A. Judge らの研究グループである。

　Judge, Bono, Ilies, & Gerhardt（2002）は、1967年から1998年までにパーソナリティとリーダーシップとの関係について検討した78の研究論文をもとに、パーソナリティのビッグファイブ（外向性、開放性、協調性、誠実性、神経症傾向）とリーダーシップとの関係についてメタ分析を行っている。メタ分析の結果、ビッグファイブ全体とリーダーの発生（出現）およびリーダーシップ効果性との重相関係数はそれぞれ $R=.53$ と $R=.39$ を示し、また2つのリーダーシップの基準変数を合成すると、ビッグファイブとリーダーシップとの間には $R=.48$ の重相関係数が見出されている。

　さらに、ビッグファイブの個々の特性についてメタ分析を行った表3-2の結果を見ると、ビッグファイブとリーダーシップとの全体的な関係は予想よりも強い相関を示し、外向性（extraversion）と経験への開放性（openness to experience）はリーダーシップの効果性およびリーダーの発生（出現）と正の関連性を示していた。その他、神経症傾向の低さ（自信の高さ）はリーダーの発生とリーダーシップの効果性の両方と、そして誠実性はリーダーの発生（出現）と関連性をもつことが明らかになった。さらに協調性はリーダーシップの効果性と正の相関を示していた。

表3-2　Judge et al.（2002）によるビッグファイブとリーダーシップとの関係に関するメタ分析結果

	リーダーの発生（出現）		リーダーシップ効果性	
	k	ρ	k	ρ
神経症傾向	30	-.24 [a]	18	-.22 [a,b]
外向性	37	.33 [a,b]	23	.24 [a,b]
経験への開放性	20	.24 [a,b]	17	.24 [a,b]
協調性	23	.05	19	.21 [a]
誠実性	17	.33 [a,b]	18	.16 [a]

注：k はメタ分析で用いた相関の数、ρ は推定された相関係数。
　　a は95%信頼区画、b は80%信頼区画を意味する。

　さらに，Bono & Judge（2004）は，ビッグファイブと変革型リーダーシップおよび交流型リーダーシップとの関連性についてもメタ分析を行っている。その結果，ビッグファイブの中でも「外向性」は変革型リーダーシップと正の関連性をもつことを明らかにしている（ρ=.24）。また，ビッグファイブ全体で変革型リーダーシップの分散の9%，そしてカリスマの12%を説明していることも示している。

　こうしたJudgeらの研究グループによる研究を皮切りに，ビッグファイブのほかにも情動知能（Goleman, 1995）やハーディネス（Bartone, Eid, Johnsen, Laberg, & Snook, 2009）などさまざまな個人特性が検討されている。

3. リーダーシップ過程における「個人特性」の役割

　Lord et al.（1986）およびJudge et al.（2002）の代表的な研究から，リーダーの個人特性は，従来，リーダーシップに関心のある研究者が悲観的に考えてきた以上に効果をもっていることが認識されつつある。そして，個人特性がリーダーシップにどのような役割や効果を有するかを，より正確に理解しながら，そこから理論的かつ実践的な示唆を得るためには，リーダーシップのプロセスごとにそれぞれの個人特性が果たす役割を整理することが必要であろう。個人特性がリーダーシップに関係するか否かの短絡的な議論に終始したのでは，それぞれの個人特性の機能を見逃してしまう可能性があるからである。

　これについて，参考になるのがLord et al.（1986）の研究である。Lord et al.（1986）は，従来の特性論研究における個人特性と関連する変数としての包括的な「リーダーシップ」という取り上げられ方を疑問視し，「リーダーの発生（出現）」と「リーダーシップ効果性」の2つに区別している。その結果，個人特性は「リーダーの発生（出現）」と「リーダーシップ効果性」に対して，その種類によって異なる効果を有することをメタ分析によって明らかにしている。さらに，池田・古川（2005b）および池田（2008）は，個人特性のうちリーダーの自信を，リーダーシップ・プロセスの中でも「リーダー行動」の発現の段階に強い影響を与えることに着目している。

　以上の研究を整理すると，リーダーの個人特性は，図3-2に示すようにリー

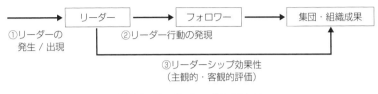

図 3-2　リーダーシップのプロセス

ダーシップのプロセスにおいて①「リーダーの発生 / 出現」段階，②「リーダー行動」の発現段階，③「リーダーシップ効果性」段階の 3 つのフェーズに整理可能と思われる。

［ 1 ］「リーダーの発生 / 出現」段階

　最初のフェーズは，「リーダーの発生 / 出現」の段階である。初期の特性論研究の関心は，リーダーと非リーダーとを区別しうる特性の解明であった。そのため，初期の研究では，リーダーのいない集団内において，リーダーとして評価されるメンバーの個人特性とそうでないメンバーの個人特性とを比較検討する試みがなされた（詳細なレビューは，Mann, 1959; Stogdill, 1948）。

　「リーダーの発生 / 出現」に焦点を当てたメタ分析の結果としては，先述のJudge et al.（2002）がある。Judge et al.（2002）の研究では，パーソナリティのビッグファイブ（外向性，開放性，調和性，誠実性，神経症傾向）とリーダーの発生（出現）との重相関係数は R=.53（p<.01）と高い値を示し，表 4-2 に示されるビッグファイブの個々の特性についてメタ分析から，リーダーの発生 / 出現へは「外向性」と「経験への開放性」，そして「誠実性」と正の関わりが強いことを示していた。

　「外向性」を有する個人は集団のメンバーと積極的に関わり，また自己主張も行う傾向がある。また，「経験への開放性」は，リーダーにとってビジョンの設定に必要不可欠な創造性や洞察と関わっている。さらに，「誠実性」は，勤勉さやまじめさを表すパーソナリティ特性であることから，リーダーが明確に設定されていない集団においては，そうした人物がリーダーとして認識されやすいことを示唆している。

［2］「リーダー行動」の発現段階

　リーダーの発生／出現に，ビッグファイブの外向性や経験への開放性，そして誠実性が関わっていることが，Judge et al. (2002) のメタ分析の研究から明らかになった。しかし，ビッグファイブの特性の有無が，リーダーの発生／出現に至るまでには，リーダーとしての働きかけが存在するはずである (Kirkpatrick & Locke, 1991)。

　たとえば，主要なリーダー行動として 2 要因論の「構造づくり」と「配慮」(Harris & Fleishman, 1955) が存在する。ビッグファイブの中の「誠実性」は，チームにおける建設的な提言行動 (LePine & Van Dyne, 2001) や自発的な目標設定行動 (Barrick, Mount, & Strauss, 1993) など，主体性や構造化などリーダーの構造づくり行動との関連性が示されている。

　一方で，リーダーの「配慮行動」と個人特性との関連性を直接的に検討した研究は未だ見当たらない。しかし，ビッグファイブのうち「協調性」は対人的促進 (Hurtz & Donovan, 2000) との相関がメタ分析の結果から明らかにされていることから，「協調性」はリーダーの配慮行動とも少なからず関連性をもつかもしれない。

　さて，2 要因論に後続して現在最も研究が蓄積されているのが変革型リーダーシップである。先述のとおり，Bono & Judge (2004) は，変革型リーダーシップおよび交流型リーダーシップとビッグファイブとの関連性についてメタ分析を行っている。残念ながら，Judge et al. (2002) のビッグファイブとリーダーの発生／出現の相関と比べてそれほど強い関連性ではないものの，「外向性」は変革型リーダーシップと正の相関をもつことを明らかにしている。

　さらに，池田・古川 (2005a) は，リーダーが必要な行動に着手するか否かを説明する変数として「リーダーの自信」に着目している。リーダーの自信とは，役割行動を確実に行えるという可能感を指す。実験室実験の結果 (池田, 2008)，リーダーを取り巻く状況が安定した状況であれば，自信の高さにかかわらずリーダーは必要な行動に着手していたものの，困難な状況においては高い自信を有するリーダーほど必要な行動に着手していることを明らかにしている。さらに，高い自信を有するリーダーほど，状況に応じて相応しい役割行動に着手する「行動の柔軟性」を備えている可能性も示唆されている (池田・古川, 2005a)。

[3]「リーダーシップ効果性」段階

　最後は，リーダーシップの効果性段階である。リーダーシップの効果性とは，リーダーが目標の達成に向けて何らかの影響力を発揮したことによって生まれるパフォーマンスである。通常，上司や同僚，部下が評価した主観的指標と集団や組織の業績など客観的指標に大別される。しかし，現時点において，2つの研究が混在しており，明確にそれぞれに個人特性の効果を弁別することが難しい。とはいえ，Hogan, Curphy, & Hogan（1994）は，リーダーシップの効果性に関する主観的な評価も，客観的な業績をかなりの割合で反映していると指摘している。そのため，2つを合わせて議論を進めていく。

　リーダーシップの効果性と個人特性とを検討した代表的な知見は，Judge et al.（2002）であった。彼らの報告を再度取り上げると，ビッグファイブ全体とリーダーシップ効果性との重相関係数は $R=.39$ を示し，「外向性」「経験への開放性」「神経症傾向の低さ」（自信の高さ）はリーダーシップの効果性と関連性をもつことが明らかにされている。

4.「個人特性」の機能を探るパースペクティブ

　本章では，リーダーシップ研究において取り残されてきた「個人特性」に再び光を当て，そしてリーダーシップ過程における「個人特性」が果たす役割について整理してきた。近年，リーダーシップ研究において個人特性研究が再び脚光を浴びていることは，*Leadership Quarterly* の特集号において，過去10年の研究動向をレビューした Dinh et al.（2014）においても示されたとおりである。そうした動向を踏まえつつ，本節では「個人特性」研究に関する新しい視点を展望していく。

[1]「個人特性」の構成

　これまで特性論研究では，リーダーの有するそれぞれの個人特性を取り上げ，それとリーダーの発生／出現ないしはリーダーシップ効果性との関連性を検討してきた。しかし，指摘するまでもなく，リーダーは1つの特性のみを保有しているわけでなく，さまざまな個人特性を保持し，なおかつそれぞれの個人特

性の程度にも個人差が存在している。

　たとえば，リーダーシップにおいて「知能」はリーダーの発生や効果性に頑健な効果をもっていた（Lord et al., 1986）。リーダーの知的能力が高く，なおかつ外向的であれば，集団のメンバーに理念や目標が浸透し，また課題遂行などの手続きも共有されやすいと想像される。一方で，たとえリーダーの知的能力が高くとも，外向性が低ければ（内向的），メンバーに目標や手続きが十分に伝わらないことが考えられる。

　したがって，今後は，いずれかの個人特性の単独の効果ではなく，リーダーシップに関わる重要な個人特性を同定し，それらの組み合わせの効果を明らかにする必要があるだろう。

　これに関する先駆的な研究として，Foti & Hauenstein（2007）は士官学生を対象に，認知能力，支配性，一般的自己効力感，セルフモニタリングという個人特性を取り上げ，それらの個人特性の高さに応じて3つのグループに分類している。1つ目はすべての個人特性が低いグループ，2つ目はすべてが高いグループ，そして3つ目はそれぞれの個人特性の程度が混在しているグループであった。この3つのグループごとに，リーダーの発生／出現およびリーダーシップ効果性との相関を検討したところ，すべての個人特性が高いグループにおいて最も効果が高かったことを明らかにしている。

［2］個人特性の非線形効果

　リーダーシップの個人特性研究のほとんどは単純な線形関係を想定してきた。たとえば，ビッグファイブのうちリーダーの誠実性が高いほど，リーダーの発生／出現や効果性が高くなると考えられてきた。ところが，近年，Grant & Schwartz（2011）は，心理学研究における多くの個人特性と結果変数との間には逆U字型の形をした非線形関係が存在する可能性を指摘している。すなわち，ある特性が一定程度の高さであれば，それに比例して結果変数も高くなるが，ある特性が過度に高くなりすぎると，かえって結果変数を抑制してしまうのである。

　これに関して，Judge, Piccolo, & Kosalka（2009）は，リーダーにとって望ましいとされてきた特性のダークサイドについて言及している。たとえば，誠

実性はリーダーの倫理観や役割を遂行するうえで必要な特性とされてきた。し
かし，誠実性が過度に高すぎると，かえって柔軟性に欠け，極端に慎重になり，
イノベーションが創出されにくくなるという。また過度な外向性も，攻撃的な
行動や安易な意思決定につながる危険性を含んでいる。さらに過度な協調性は，
逆にすぐに部下の言いなりになり，イノベーション創出に必要な葛藤を回避す
る傾向があると指摘している。

　さらにこの議論を発展させて，Judge & Long (2012) や Judge, Piccolo, &
Kosalka (2009) は，望ましい個人特性（協調性，誠実性，情動安定性，開放
性）と望ましくない個人特性（自己愛傾向，支配性，マキャベリズム）のそれ
ぞれ肯定的側面と否定的側面を概説している。とりわけ，望ましい個人特性の
有する否定的側面や望ましくない個人特性の有する肯定的側面は，個人特性の
非線形効果を理解するうえで注目に値する。これらに関する実証的な取り組み
は今後の大きな研究課題である。

引用文献

Arvey, R., Rotundo, M., Johnson, W., Zhang, Z., & McGue, M. (2006). The determinants of leadership role occupancy: Genetic and personality factors. *Leadership Quarterly,* *17* (1), 1-20.

Arvey, R., Zhang, Z., Avolio, B., & Krueger, R. (2007). Developmental and genetic determinants of leadership role occupancy among women. *Journal of Applied Psychology, 92* (3), 693-706.

Barrick, M. R., & Mount, M. K. (1991). The Big Five personality dimensions and job performance: A meta-analysis. *Personnel Psychology, 44,* 1-23.

Barrick, M. R., Mount, M. K., & Strauss, J. P. (1993). Conscientiousness and performance of sales representatives: Test of the mediating effects of goal setting. *Journal of Applied Psychology, 78,* 715-722.

Bartone, P. T., Eid, J., Johnsen, B. H., Laberg, J. C., & Snook, S. A. (2009). Big five personality factors, hardiness, and social judgment as predictors of leader performance. *Leadership & Organization Development Journal, 30,* 498-521.

Barrick, M. R., Mount, M. K., & Judge, T. A. (2001). Personality and performance at the beginning of the new millennium: What do we know and where do we go next? *International Journal of Selection and Assessment, 9,* 9-30.

Binet, A., & Simon, Th. (1921). *La mesure du developpement l'nntelligence chez les jeunes enfants*.（大井清吉・山本良典・津田敬子（訳）（1977). ビネ知能検査法の原典　日本文化科学社）

Bono, J. E., & Judge, T. A.（2004）. Personality and transformational and transactional leadership: A meta-analysis. *Journal of Applied Psychology, 89*, 901-910.

Carlyle, T.（1907）. *On heroes, hero-worship, and the heroic in history*. Boston: Houghton Mifflin.

Chemers, M. M.（1997）. *An integrative theory of leadership*. Mahwah, NJ: Lawrence Erlbaum Associates.

Day, D. V., & Zaccaro, S. J.（2007）. Leadership: A critical historical analysis of the influence of leader traits. In L. L. Koppes（Ed.）, *Historical perspectives in industrial and organizational psychology*（pp.383-405）. Mahwah, NJ: Erlbaum.

DeRue, D. S., Nahrgang, J. D., Wellman, N., & Humphrey, S. E.（2011）. Trait and behavioral theories of leadership: A meta-analytic test of their relative validity. *Personnel Psychology, 64*, 7-52.

Dinh, J. E., Lord, R. G., Gardner, W., Meuser, J. D., Liden, R. C., & Hu, J.（2014）. Leadership theory and research in the new millennium: Current theoretical trends and changing perspectives. *Leadership Quarterly, 25*, 36-62.

Fiedler, F. E.（1967）. *A theory of leadership effectiveness*. New York: McGraw-Hill.（山田雄一（訳）（1970). 新しい管理者像の探求　誠信書房）

Fleishman, E. A., & Harris, E. F.（1962）. Patterns of leadership behavior related to employee grievances and turnover. *Personnel Psychology, 15*（2）, 43-56.

Foti, R. J., & Hauenstein, A.（2007）. Pattern and variable approaches in leadership emergence and effectiveness. *Journal of Applied Psychology, 92*, 347-355.

Gibb, C. A.（1947）. The principles and traits of leadership. *Journal of Abnormal & Social Psychology, 4*, 267-284.

Goleman, D.（1995）. *Emotional intelligence*. New York: Bantam.

Grant, A. M., & Schwartz, B.（2011）. Too much of a good thing: The challenge and opportunity of the inverted U. *Perspectives on Psychological Science, 6*, 61-76.

Harris, E. F., & Fleishman, E. A.（1955）. Human relations training and the stability of leadership patterns. *Journal of Applied Psychology, 39*, 20-35.

Hoffman, B. J., Woehr, D. J., Maldagen-Youngjohn, R., & Lyons, B. D.（2011）. Great man or great myth? A quantitative review of the relationship between individual differences and leader effectiveness. *Journal of Occupational and Organizational Psychology, 84*（2）, 347-381.

Hogan, R., Curphy, G. J., & Hogan, J.（1994）. What we know about leadership: Effectiveness and personality. *American Psychologist, 49*, 493-504.

Hurtz, G. M., & Donovan, J. J.（2000）. Personality and job performance: The big five revisited. *Journal of Applied Psychology, 85*, 869-879.

池田 浩 (2008). リーダー行動の発生機序におけるリーダーの自信の効果 人間文化, *11*, 49-64.

池田 浩・古川 久敬 (2005a). リーダーの自信に関する研究—自信測定尺度の開発および マネジメント志向性との関連性— 実験社会心理学研究, *44*, 145-156.

池田 浩・古川 久敬 (2005b). リーダーの自信研究の新しい展開—その概念と測定尺度お よび自信の源泉— 九州大学心理学研究, *6*, 119-132.

Jenkins, W. O. (1947). A review of leadership studies with particular reference to military problems. *Psychological Bulletin, 44*, 54-79.

Judge, T. A., Bono, J., Ilies, R., & Gerhardt, M. (2002). Personality and leadership: A qualitative and quantitative review. *Journal of Applied Psychology, 87*, 765-779.

Judge, T. A., Colbert, A. E., & Ilies, R. (2004). Intelligence and leadership: A quantitative review and test of theoretical propositions. *Journal of Applied Psychology, 89*, 542-552.

Judge, T. A., & Long, D. M. (2012). Individual differences in leadership. In D. V. Day & J. Antonakis (Eds.), *The nature of leadership* (pp.179-217). Los Angeles, CA: Sage Publications.

Judge, T. A., Piccolo, R. F., & Kosalka, T. (2009). The bright dark sides of leader traits: A review and theoretical extension of the leader trait paradigm. *Leadership Quarterly, 20*, 855-875.

Kirkpatrick, S. A., & Locke, E. A. (1991). Leadership: Do traits matter? *Academy of Management Executive, 5*, 48-60.

LePine, J. A., & Van Dyne, L. (2001). Voice and cooperative behavior as contrasting forms of contextual performance: Evidence of differential relationships with Big Five personality characteristics and cognitive ability. *Journal of Applied Psychology, 86*, 326-336.

Lord, R. G., deVader, C. L., & Alliger, G. M. (1986). A meta-analysis of the relation between personality traits and leadership perceptions: An application of validity generalization procedures. *Journal of Applied Psychology, 71*, 402-410.

Mann, R. D. (1959). A review of the relationship between personality and performance in small groups. *Psychological Bulletin, 56*, 241-270.

McCrae, R. R., & Costa, P. T., Jr. (1987). Validation of the five-factor model of personality across instruments and observers. *Journal of Personality and Social Psychology, 52*, 81-90.

Northouse, P. G. (2007). *Leadership: Theory and practice* (4th ed.). Thousand Oaks, CA: Sage Publications.

施 桂栄・浦 光博・菅沼 崇 (2006). リーダーの誠実性の統合モデルに関する実証的研究—

社会的交換の視点から—　産業・組織心理学研究, *19* (2), 3-11.

Stogdill, R. M. (1948). Personal factors associated with leadership: A survey of the literature. *Journal of Psychology, 25,* 35-71.

Stogdill, R. M. (1974). *Handbook of leadership.* New York: Free Press.

Zaccaro, S. J., Kemp, C., & Bader, P. (2004). Leader traits and attributes. In J. Antonakis, A. T. Cianciolo, & R. J. Sternberg (Eds.), *The nature of leadership* (pp.101-124). Thousand Oaks, CA: Sage.

第Ⅱ部

集団内のリーダーシップ

◆4 交換関係としてのリーダーシップ

山浦一保

　組織 / チームにおいて，複雑で非構造的な（解を求める手続きが明確でない）課題に取り組み，創造的な活動を生み出すにはどうすればよいのか。この解決は，リーダーシップ研究に期待されている主たるところである。具体的にはたとえば，同じリーダーのもとで課題に取り組んでいるのに，そのリーダーとメンバー（ここでは，リーダー以外，フォロワーのことを指す）との関係性は多様であることをわれわれは経験的に知っている。組織 / チームの特徴やプロセスに基づいた効果的なマネジメントを目指すには，この多様さがどのようにして生じるのか，そして，どのようなときに自分の役割を超えてリーダーと協働し，複雑な課題に挑戦しながらパフォーマンスを上げるのか，といった問題を解決すべきである。

　これらの解決を目指すため，リーダーとメンバーの相互作用過程を強く意識する立場が現れた。この立場では，組織 / チームの現象を二者関係で捉えるという着想を Barnard（1938）から得て，社会的交換理論の観点でリーダーシップを捉え直したのである。つまり，リーダーとメンバーがある特定の目標・利益獲得を達成するために，物質的なものや社会的，心理的なベネフィット（たとえば，リーダーが提供する情報や仕事の割り当て，支援や関心，メンバーによる仕事の成果や忠誠心など）をやりとりするプロセスに注目した。これは今，リーダーシップの関係性アプローチと呼ばれている。

　このアプローチの中で多くの研究が蓄積され，進化しているものの1つが，リーダー－メンバーの交換関係（Leader-Member Exchange: LMX）理論である。Gerstner & Day（1997）以降，メタ分析が複数発表され（e.g., Dulebohn, Bommer, Liden, Brouer, & Ferris, 2012; Ilies, Nahrgang, & Morgeson, 2007;

Martin, Guillaume, Thomas, Lee, & Epitropaki, 2016），Bauer & Erdogan
（2016）のハンドブック（*The Oxford Handbook of Leader-Member Exchange*）
も出版されるに至っている。この勢いは，関係性アプローチが多くの関心を集
めていること，それに伴って，リーダーシップの研究領域・研究者に急速に浸
透していることを物語るものである。

　最近では，企業（上司－部下）や学校（教師－生徒）だけでなく，NPO 組
織（e.g., Griep, Vantilborgh, Baillien, & Pepermans, 2016）やアカデミック機
関（Siron, Mutter, & Ahmad, 2015），あるいはサービス提供者－顧客の関係性
（Tandon & Ahmed, 2015）など，それぞれの組織体の特徴を活かした研究視点
での展開をみせている。

　本章では，リーダーシップ研究におけるこの関係性アプローチの位置づけを
示したうえで，まず，リーダーとメンバーの関係性の定義，およびこのアプロ
ーチの特徴について LMX 理論をもとに概説する。そして，LMX 研究の動向
を踏まえて，今後の展望を示す。

1.　リーダーシップ研究における関係性アプローチの位置づけ

　集団現象であるリーダーシップを，なぜ敢えて二者関係（dyadic）で捉える
のか。それは，個人のみを扱っていては組織／チームの現象を説明することは
難しいからである。かと言って，それまでの多くのリーダーシップ研究のよう
に，リーダーの影響力がメンバーたちに均等に及ぶ（各メンバーに対する影響
力の平均を組織／チームの機能）とするアプローチ（average group approach）
では，その内部で起こるさまざまな現象を表し説明することもまた難しい。他
方，関係性アプローチであれば，2 人という集団の最小単位を扱うことで，リ
ーダーシップ研究に関わるこれら 2 つの点を克服することができるというわけ
である。

　また，リーダーシップ研究における関係性アプローチは，特性論や行動論に
代表されるようなリーダーの適切な行動を分析する「リーダー中心のアプロー
チ」や，エンパワメント研究のように，メンバーの能力をいかに高めるかに力
点をおいた「メンバー（フォロワー）中心のアプローチ」のいずれとも異なる

表4-1　3つの主要なリーダーシップ・アプローチの比較 (Graen & Uhl-Bien, 1995 を抜粋)

	リーダー中心の アプローチ	関係性 アプローチ	フォロワー中心の アプローチ
リーダーシップ とは何か	リーダーの役割を担っている人の適切な行動のこと。	両者間の信頼，尊敬，相互責任のこと。	自分自身のパフォーマンスを上げることができる（能力），また上げようとする（意欲）こと。
どんな行動がリーダーシップか	ビジョンを示し伝える；鼓舞する；プライドを植え付ける。	フォロワーとの関わりを強力に構築する；お互いに学び合い順応する。	エンパワリング（権限を与える），コーチング，ファシリテートし，支配権を譲る。
強み	組織の統括者としてのリーダーが存在する；ミッションや価値に関する理解を共有できる；組織全体を扇動することができる。	フォロワーのさまざまなニーズに対応できる；いろいろなタイプの人から優れた仕事を引き出すことができる。	ほとんどのフォロワーを有能にする；リーダーは，他の仕事・責任を担うことが可能になる。
弱み	リーダーに依存する；リーダーが心変わりしたり，不適切なビジョンを追求する場合には問題が生じる。	時間がかかる；特定のリーダーとメンバーの長期的な関係に依存する。	フォロワーによるイニシアティブや能力に依存する。
適しているのはどのようなとき	根本的な変化が生じるとき；カリスマ的なリーダーが存在するとき；フォロワーたちがほどほどに多様であるとき。	チームワークを継続的に改善するとき；フォロワーたちがかなり多様であり，それが安定しているとき；ネットワークを構築するとき。	フォロワーに高い能力と関わりの強い課題があるとき。
最も効果的な状況	構造化された課題；リーダーが強力なポジション・パワーを有している；リーダーに対してメンバーが受容的である状況で効果的。	両極の間にある状況（左右の欄以外の状況）で，リーダーにとって好ましい状況において効果的。	非構造化の課題；リーダーが弱いポジション・パワーを有している；リーダーに対してメンバーが拒否的である状況で効果的。

（表 4-1）。関係性アプローチにおいて，効果的なリーダーシップ・プロセスとは，リーダーとメンバーが互いにリーダーシップを発揮し，関係性を発展させることができたときに実現されるものであるという立場に立つ。そして，組織／チーム運営の効果は，この二者関係の総体（二者関係それぞれが連結してできたネットワーク）のあり方で決まると考えられているのである。

　組織／チームで生じる問題のほとんどが，結局のところ人間関係に起因していることを考えれば，関係性アプローチは，素朴で，しかしながら根幹にあ

る部分を積極的に取り上げ，中心概念に据えた理論と言えるだろう。以下では，関係性の中でも，リーダー－メンバーの関係を中心に見ていくことにする。

2.　リーダー－メンバーの関係性とは何か

　LMX の定義については，これまで多くの議論が重ねられてきた。その中で，現在のところおおよその合意がとれているのは，Scandura, Graen, & Novak（1986）の定義だろう。ここで LMX とは，「（a）構成要素とそれらの関係から成るシステムであり，（b）二者関係であるメンバー双方が関わっているものであり，（c）相互依存的な行動パターンを伴い，（d）互いが望む成果を出すための手段を共有し，（e）さまざまな環境を理解し，原因を見つけてそれを解決し，価値ある概念を創り出すことである」と定義されている。この内容から，二者関係を創造的な組織／チーム活動の源泉として捉えていることがうかがえる。

　また，Graen & Uhl-Bien（1995）によって，LMX の構成要素は，①尊敬（respect）：他者の能力に対して尊敬し合うこと，②信頼（trust）：他者に対する信頼をお互いに深めていけるだろうという期待，③（共通目的に対する）連帯責任（obligation）：社会的交換が行われる者どうしで，義務を果たしながら共通の目的に向かってパートナーシップを築く見込み，の3つに整理された。そして，これが，後に紹介する測定尺度（LMX-7）の基盤となっている。

　ちなみに，これら3つのうち，信頼は競争的な経済環境の中で組織が成功するために不可欠な要因とされてきた。その信頼と LMX の質の高さについて，近年，両者の概念整理や因果の方向性に関する議論が行われている。たとえば，Schoorman, Mayer, & Davis（2007）は，信頼は必ずしも相互互恵的である必要はなく，信頼が蓄積されることによって，LMX の質（互恵的な関係性）が高まるという立場を提示している。一方，信頼の先行因として LMX を位置づけたモデルも存在する（e.g., Wat & Shaffer, 2005）。

　こうした現状を踏まえて，Nahrgang & Seo（2016）は，LMX と信頼の因果関係については今後も引き続き検討すべき課題であるとしている。その際，プロセスとしての信頼と，状態／アウトカムとしての信頼は区別されるべきであるとの指摘（Sue-Chan, Au, & Hackett, 2012）は考慮すべき点だろう。

3.　リーダー－メンバーの関係性アプローチの特徴

［1］多様な LMX の存在

　非構造的な課題や創造的な課題を解決しようと，リーダーとメンバーが協働するときには，お互いに仕事範囲を超えて，情報や時間，労力，心情などの資源をやりとりすることがしばしばある。こうした社会的交換の頻度や内容を通じて，リーダーとメンバーたちはそれぞれ，ユニークで多様な関係性を形成していく。この現象に注目した点が，関係性アプローチの最大の特徴である。

　このアプローチは，1970 年代に，垂直的二者連鎖（Vertical Dyad Linkage: VDL; Dansereau, Graen, & Haga, 1975）や組織社会化の研究として始まった。この研究段階では，質の異なる関係性がなぜ生まれるのか，交換される資源に何があるのかに焦点が当てられていた。その結果，リーダーがメンバーの裁量権を認めることが後の関係性の発展に影響すること，そして同じリーダーであっても円熟した関係（質の高い関係性：いわゆるウチ「in-group」）とそうではない関係（質の低い関係性：ソト・よそ者「out-group」）が形成されることが明らかにされた。

［2］能動的に役割遂行するメンバーとともに発展する LMX

　1980 年代に，VDL から LMX 理論にその名を変えて以降，盛んに研究が進められていった。LMX 理論に基づく研究は，関係性の多様さを主に記述するに留まっていた VDL 研究をさらに発展させたものであった。その中で明確にされた関係性アプローチのもう 1 つの特徴は，メンバーは能動的で自立した存在であり，リーダーとともに成長することが想定されている点であった。それまでのリーダーシップ研究のほとんどが，受動的なメンバーを前提としていたのとは対照的なアプローチである。

　メンバーの能動性を伴って発展する LMX の様相は，Graen & Scandura（1987）によってモデル化され，その後の LMX 研究は，基本的にこれらの段階を念頭において進められている。このモデルでは，役割形成の観点でリーダーとメンバーの関係構築を 3 段階に分け，それぞれの特徴が説明されている。

　①役割取得（role taking）：最初は，仕事に必要な最低限の社会的交換，および経済的な関係（金銭的・物質的な報酬を期待してリーダーに従う関係）に留まっている段階である。この頃はまだ，よそよそしい関係（stranger）である。

　②役割形成（role making）：この段階は，リーダーシップの発達過程の中でも極めて貴重な段階である。それはお互いの関係性がまだ十分に熟しきれておらず，いわゆる知り合いの関係（acquaintance）だからである。お互いの様子を見ながら，どのような資源を，どのくらい交換するかを試行することによって基本的な関係が形成される。すなわち，ここで成熟した関係に向かう交換が行われるかどうかによって，次の段階に進展することもあれば，よそよそしい関係に戻ることもある。同じチームの中におけるウチとソトという下位集団の誕生である。

　③役割常套化（role routinization）：ここまで発展したリーダーとメンバーの関係は，お互いのことを十分に理解し合い，その理解に基づいた両者の行動がセットになってルーティン化し，安定する。この状態になるには，お互いが信頼し，尊敬し，忠実であり，好意的な気持ちを抱いている必要がある。まさに，これが成熟したパートナーシップの関係（mature partnership）である。

4. リーダー‒メンバーの関係性の測定

　リーダーとメンバーの交換関係や相互作用の様子は，どのような尺度で測定されるのか。たとえば，交渉の裁量度を測定する尺度項目（Negotiation Latitude: e.g., Dansereau et al., 1975）や直属上司との垂直的交換関係測定（慶応研究：南，1988），Graen, Liden, & Hoel（1982）によるリーダー‒メンバーの交換関係尺度など，その測定に試行錯誤しながらさまざまなものが提出された。

　LMX 研究の蓄積に伴って尺度の検討も進み，現在最も多く用いられているのは，Graen & Uhl-Bien（1995）の LMX-7 だろう。これは，先述したように（本章第2節），尊敬，信頼，連帯責任の3側面を踏まえた7項目から成っており，リーダーとの関係性についてメンバーの認知を測定することができる（表4-2）。また，多次元であることを想定して作成された LMX-MDM が用いられることも多い（Liden & Maslyn, 1998）。これは，4つの次元（情緒，忠誠，貢

表 4-2　関係性を測定する尺度例：LMX-7 と CART-Q

LMX-7 (Graen & Uhl-Bien, 1995)	CART-Q (Jowett & Ntoumanis, 2004)
1. あなたは，リーダーにどれくらい評価されているか知っていますか？……リーダーは，あなたが取り組んでいることにどのくらい満足していると思いますか？ （1. ほとんど満足することがないと思う　2. たまには満足することがあると思う　3. 時々満足することがあると思う　4. 大抵は満足していると思う　5. ほぼいつも満足していると思う）	【Commitment：関与性】 1 私は，コーチに親しみを感じている 2 私は，コーチと深くかかわっていると感じる 3 自分のスポーツ人生は，コーチにかかっていると思う
2. あなたが抱えている仕事上の問題やニーズについて，リーダーは，どのくらいよく分かってくれていると思いますか？ （1. まったく分かってくれていないと思う　2. ほとんど分かってくれていないと思う　3. 分かってくれていると思う　4. 十分に分かってくれていると思う 5. 非常に分かってくれていると思う）	【Closeness：親密性】 4 私は，コーチのことが好きだ 5 私は，コーチのことを信頼している 6 私は，コーチのことを尊敬している 7 コーチが，私の競技力向上のために犠牲を払ってくれることをありがたく思っている
3. リーダーは，あなたの潜在能力をどのくらい的確に把握してくれていますか？ （1. まったく把握してくれていない 2. ほとんど把握してくれていない 3. 把握してくれている　4. おおむね把握してくれている 5. 十分によく把握してくれている）	【Complementarity：相補性】 8 コーチに指導されていると，私は安心できる 9 コーチが指導してくれることに対して，すぐに応えていると思う
4. あなたのリーダーは，自分に権限があるかどうかに関係なく，あなたが仕事上の問題に直面したときには，それを解決しようと尽力してくれると思いますか？ （1. まったく尽力してくれないと思う　2. 少しなら尽力してくれると思う　3. まあまあ尽力してくれると思う　4. 尽力してくれると思う　5. かなり尽力してくれると思う）	10 コーチに指導されているとき，全力を尽くすつもりでいる 11 コーチに指導されているとき，私は友好的に接している （7 段階尺度（1：まったくそのとおりではない － 7：非常にそのとおり）)
5. あなたのリーダーは，自分に権限があるかどうかに関係なく，あなたが仕事上の問題に直面したとき，どのくらい"救済"してくれると思いますか？ （1. まったく助けてくれないと思う　2. 少しなら助けてくれると思う　3. まあまあ助けてくれると思う　4. 助けてくれると思う　5. かなり助けてくれると思う）	
6. あなたは，リーダーが決めたことを正当だと思い，その場にいなくても擁護するくらいリーダーのことを十分に信頼していると思いますか？ （1. まったくそう思わない　2. そう思わない　3. どちらともいえない　4. そう思う　5. 非常にそう思う）	
7. 仕事上でみたとき，あなはとリーダーの関係はどうですか？ （1. かなり悪い関係　2. ふつうよりも悪い関係　3. ふつう　4. ふつうよりは良い関係　5. かなり良い関係）	

注：原文の表現に基づいて，日本語訳を作成した後，バックトランスレーションの結果を踏まえて原版との内容の整合性を確認した。

献，専門性に対する尊敬）で構成されており，メンバーの認知に基づいて測定される。どちらの尺度についても，後に，リーダー用の測定尺度が作成された（Maslyn & Uhl-Bien, 2001 による SLMX-7, および Greguras & Ford, 2006 による SLMX-MDM）。

　実は，今もなお，新しい関係性測定尺度が開発されている。たとえば，Chen & Chen（2004）は，中国企業でしばしば見られる，非公式的で個人的な関係性（新規参入者への排他的な交換関係）を測定する Leader-Member Guanxi（LMG）尺度を作成した。また，スポーツ場面でも，コーチとアスリートの関係性の重要性が改めて認識されて研究が進んでいる。Jowett とその研究グループは，関係性を「コーチやアスリートの感情や思考，行動における相互依存性」と定義したことに基づき，親密性（closeness），関与性（commitment），相補性（complementarity）の3因子構造の CART-Q（Coach-Athlete Relationship Questionnaire）の尺度を開発した（Jowett & Ntoumanis, 2004）。Jowett らは，相手に対する自身の認知を直接評価するだけでなく，メタ認知の評価（co-orientation: 相手が自分のことをどう思っているかの評価側面）を考慮することの重要性を提唱している。このことによって，コーチとアスリートの相互依存関係を把握することができるとし，これを 3+1Cs モデルと呼んでいる（Jowett, 2007）。これが今，スポーツ場面における関係性研究の有力なフレームであり，定量的な測定が可能になったことで関係性の理解がさらに進んでいる。

　このように，多種多様な関係性測定尺度が存在するが，Martin et al.（2016）のメタ分析によれば，LMX-7, LMX-MDM，その他の LMX 尺度の種類が，得られる結果を左右し，差異を生み出すには至っていないことが示された。ただし，上司による評価よりも部下による評価の方が，LMX とパフォーマンスの関連は弱かった。これらを踏まえつつ，Gerstner & Day（1997）が主張するように，いずれの尺度を用いる場合でも両者の評価を収集し吟味していくことが必要だろう。

5.　LMX の効果と先行因

　LMX の先行研究について，①効果に関する研究，②LMX の形成に関する研

究，③ LMX を介した影響過程に関する研究，に分けて概観する。

［1］LMX の効果：さまざまな結果変数との関連分析

　LMX は，個人や組織に対して，健康的で創造的な営みをもたらし得るのか。LMX に関する実証研究は，この問題意識に基づいて Graen, Novak, & Sommerkamp（1982）のフィールド実験に始まった。この研究の対象者は，アメリカ中西部にある政府軍事施設で働く職員（ほぼ全員が女性で，同じ仕事内容に従事する者たち）であり，4 つの条件のうち 1 つに割り振られた。①職務特性条件（Hackman & Oldham が提唱した職務特性を参照しながら，セミナー形式でのトレーニング〈講義，職務状況の変更とその適用・問題解決に関する討議，ロールモデリング〉を 6 週間実施）。②リーダーシップ LMX 条件（LMX に関わるトレーニング〈講義，現場事例に即した討議，ロールモデリング〉を 6 週間実施）。③これら 2 つを組み合わせた混合条件，および④統制条件（成果の評価，意思決定，コミュニケーションに関する一般的な情報提供）であった。

　1 週目に，質問紙調査が行われた。各条件に割り当てられた対象者たちには，職務態度や満足感，LMX の質に関わる項目などをたずねた。その上司には，対象者のパフォーマンスや職務態度の評価，LMX の質に関わる項目への回答を求めた。これ以降，客観的パフォーマンス（書類の処理量による量的側面，ミスの数などの質的側面）が毎週測定された。全 26 週を終えたところで，再び，1 週目と同じ質問紙調査が行われた。

　当初，職務特性条件は，客観的パフォーマンスや職務態度の評価に限ってポジティブな効果が見られ，リーダーシップ LMX 条件と混合条件は，LMX 評価を含んだすべての指標でポジティブな効果が見られると予想されていた。しかし結果は，いずれの指標も，リーダーシップ LMX 条件のみが統制群や他の介入群よりもポジティブな効果を示すものであった（図 4-1）。この結果は，仮説と一部異なるものではあったが，組織 / チーム運営に対する LMX の効果性を示す最初の知見となった。

　その後，LMX の効果に関する研究では，個人や組織 / チームに関わる効果指標が多岐にわたって取り上げられた。Dulebohn et al.（2012）のメタ分析で扱われた変数は，パフォーマンス，組織市民行動，職務や上司に対する満足感，

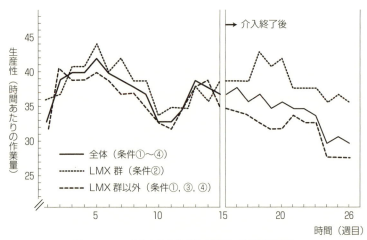

図 4-1   LMX 介入条件と生産性の関係：時系列的変化

組織コミットメント，役割葛藤，実際の離職やその意図などであった。LMX
の高さは，いずれの変数とも望ましい方向で有意な関連が認められた。

　また，Martin et al.（2016）は，Rotundo & Sackett（2002）に倣って，仕事
関連のパフォーマンスを 3 側面で整理した。これら 3 つとは，従来のメタ分析
でも扱われていた変数群から成る，課題パフォーマンス（客観的パフォーマン
ス，主観的パフォーマンス）やシチズンシップ・パフォーマンス（組織市民行
動，文脈的パフォーマンスもしくは役割外行動），そして非生産的パフォーマ
ンスを加えた側面であった。この非生産的パフォーマンスは，実際の離職やそ
の意図だけでなく，欠勤，報告されたアクシデント，社会的手抜きなどから成
った。結果は，LMX の質の高さと課題パフォーマンスの間に有意な正の関連
があった。ちなみに，課題パフォーマンスで見ると，LMX の質の高さとの関
連は $\rho=.30$（90% CI [.25, .28]）であり，客観的パフォーマンスに限ると $\rho=.24$
（90% CI [.18, .26]）であった。これらよりも強い関連を示したのは，（リーダー
およびメンバーに評価された）LMX とシチズンシップ・パフォーマンスであ
った（$\rho=.34$, 90% CI [.27, .32]）。そして，（リーダーおよびメンバーに評価さ
れた）LMX と非生産的なパフォーマンスの間には，有意な負の関連が認めら
れた（$\rho=-.24$, 90% CI [-.28, -.16]）。

　このように，LMX の質の高さは，望ましい職務態度や行動とポジティブな関連にあることが認められた。つまり，LMX の質の低いメンバーについて言えば，同じ組織／チームの中でよそ者として扱われ，リーダーに排斥された存在であり，結果，相対的に望ましくない心身の活動状態に陥る傾向にあるということである。Eisenberger（2012）によれば，脳は，他者からの排斥による心の痛みを身体的な痛みと類似したものと認識していると報告しており，これらの研究は分野を超えて整合性がとれる結果を提示している。

1）LMX-アウトカムの媒介過程

　なぜ，質の高い LMX がポジティブな効果をもたらすのか，そのメカニズムを解明しようとする分析も試みられている。LMX とアウトカムを媒介する要因について，Martin et al.（2016）は，メタ分析の結果，信頼，職務満足感，モチベーション，エンパワメント，役割の明確化，コミットメントのうち，最初の 4 つが LMX と職務内パフォーマンスやシチズンシップ・パフォーマンスを有意に強く媒介していることを報告した。

　その他，LMX とアウトカムの媒介要因として，メンバーの認知的要因（たとえば，自己効力感 Walumbwa, Cropanzano, & Goldman, 2011; 集合的効力感 Jowett, Shanmugan, & Caccoulis, 2012），組織や仕事との関係要因（たとえば，組織アイデンティティ Loi, Chan, & Lam, 2014; エンゲージメント de Oliveira & da Silva, 2015; 仕事にはまっている感［job embeddedness］Harris, Wheeler, & Kacmar, 2011），感情的側面（たとえば，フレンドシップ Tse, Dasborough, & Ashkanasy, 2008; 裏切られた感 Dulac, Coyle-Shapiro, Henderson, & Wayne, 2008）などがある。

　創造的な活動を高めるうえで，LMX がどのようなプロセスで影響を及ぼすのかについては，Atwater & Carmeli（2009）が検討を行った。その結果，質の高い LMX は，2 週間後の創造的な活動に直接的な影響を及ぼすと同時に，活力（feeling of energy）という感情的側面を介して間接的に影響を及ぼすことが明らかにされた。

2）LMX-アウトカムの調整効果

　LMX とアウトカムの関連を促進／抑制する調整変数を明らかにしようとする視点の研究も行われている（Maslyn & Uhl-Bien, 2001; Volmer, Spurk, &

Niessen, 2012)。Dysvik, Buch, & Kuvaas（2015）は，競争や創造性の源泉と
して知識共有に注目した。この研究では，LMX を，社会的 LMX（これまでの
LMX と同様の性質をもつ関係性）と経済的 LMX（契約上の関係で，市場的
な交換に留まる関係性）の二側面で捉えている。その結果，メンバーはリーダ
ーに情報や知識を伝え，リーダーはメンバーにそれらを求めるというやりとり
は，社会的 LMX が低いときよりも高いときに促進された。一方，経済的 LMX
の高低とは何ら関連が見出されなかった。すなわち，創造的な活動の促進には，
仕事の範囲を超えた範囲で，物心両面での社会的な資源交換が重要であり，い
わゆるよそよそしい関係では創造的な活動は期待できないと言える。

［2］LMX の形成に関する研究

　出会ってすぐの役割取得（role taking）の段階において，リーダーは，メン
バーの行動そのものより，その行動の意図を判断して関係構築の具合を調整し
ている（Lam, Huang, & Snape, 2007）。こうした両者の関係性は，比較的早い
段階で形成され安定していく（Graen & Scandura, 1987）。

　LMX の形成について，時系列的に検討した研究がいくつかある。たとえば，
Liden, Wayne, & Stilwell（1993）は，新入社員とその直属の上司を対象に縦断
研究を行った。その結果，新入社員のパフォーマンスに対する上司評価は 2 週

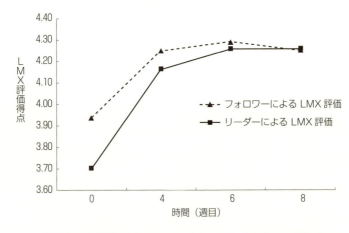

図 4-2　初期段階におけるリーダーとフォロワーの関係性の成長曲線

目の LMX に影響した。そして，新入社員に対する上司の期待や知覚された類似性，好意の３つは，入社２週後だけでなく，6 週後，6 ヶ月後での LMX も予測するものであった。その後，Nahrgang, Morgeson, & Ilies（2009）は，大学セメスターのクラス（クラス担当者と学部学生）で８週間にわたって調査を行った。その結果，互いは出会って急速に関係を発展させ，その後安定させるという関係性の発達曲線を描くことを明らかにした（図 4-2）。

　LMX を規定する要因について検討した研究は，この他にも役割形成の各段階を対象にして数多くある。その詳細は，Dulebohn et al. (2012) や Nahrgang & Seo（2016）に譲るが，たとえば，メンバー特性の要因（ビッグファイブや感情状態，統制の所在，好意，メンバーの迎合など），リーダー特性の要因（期待，個人特性，変革型リーダーシップなど），両者の関係要因（類似性，信頼など）が取り上げられ，いずれもポジティブな関連を明らかにしている。また，組織風土（e.g., Erdogan, Liden, & Kraimer, 2006），ワークロード（e.g., Green, Anderson, & Shivers, 1996），チームの規模（e.g., Cogliser & Schriesheim, 2000），組織と個人の交換関係（知覚された組織サポート e.g., Sweet, Witt, & Shoss, 2015）など，組織文脈の観点からの検討も行われている。

［ 3 ］ LMX を媒介変数とした研究

　最近の動向として，先行要因から LMX を介してアウトカムに至る一連のプロセスが検討されている。この先行要因として，メンバーの要因を取り上げた研究（e.g., Dulac et al., 2008; Janssen & Van Yperen, 2004）の他，リーダーシップ行動に焦点があたっている。リーダーによる権限委譲（Joiner & Leveson, 2015），情動管理行動（Little, Gooty, & Williams, 2016），サーバント・リーダーシップ（Newman, Schwarz, Cooper, & Sendjaya, 2015），善行リーダーシップ（benevolence leadership: Chan & Mak, 2012），支援行動（Gkorezis, 2015）などである。ほぼいずれの研究においても，LMX がポジティブな影響過程を媒介していることが明らかになっている。

　その中の１つに，Coker-Cranney & Reel（2015）の研究がある。これは，関係性が果たして万能であるのか，その影響範囲の限界の有無を改めて問うと同時に，関係性アプローチのさらなる展開を期待させるものでもある。この

研究では，体重管理に厳しいコーチの圧力的な指導，およびコーチとの関係性（CART-Q による測定）が，女性アスリートの摂食態度・行動（摂食障害のリスクや兆候を見ることができる指標）に及ぼす影響について検討された。調査対象アスリートの競技種目には，審美系，ボール系，持久系の種目が含まれた。分析の結果，コーチの体重管理に対する圧力的な指導は，選手の摂食障害のリスクを高める方向で影響すると同時に，この関連には，コーチ－アスリートのネガティブな関係性を介したプロセスも見出された。特に，これら両プロセスとも見られたのは，持久系種目のアスリートのみであった。一方，審美系種目では，圧力的な指導が摂食態度・行動にもたらす直接的な効果のみが示された。すなわち，審美系種目の場合，盲目的な服従の可能性があることが示されたのであるが，この効果は関係性によって緩和されるものではなかったのである。

6.　組織 / チームにおける LMX の分化（LMX differentiation）

　ここまで見てきた研究はいずれも，二者関係の単位で分析が行われたものであった。最近，二者関係の LMX を組織 / チーム単位に拡張した研究が注目されている（この節では，研究の対象が 2 人以上の比較的小規模で，課題志向性や相互依存性が高い集団であることが多く，以下ではチームと呼ぶ）。これは，リーダーとメンバーの二者で形成された多様な関係性をチーム全体の構造として捉える試みであり，その観点で見たとき，個人やチーム全体にどのような効果がもたらされているのかの分析である。

　その具体的な研究の方向性の 1 つは，LMX 分化（LMX differentiation）の視点の導入である。すなわち，質の高いあるいは低い LMX のメンバーばかりで形成されているチームもあれば，これらが混在しているチームもある。ここで言う LMX 分化とは，チームにおいて，リーダーと複数のメンバーたちがそれぞれに形成している LMX の分散具合のことである。この分散が小さいほど LMX 分化の程度も小さく，LMX が同質に形成されていることを意味する。

　この LMX 分化と個人や組織 / チームに関するアウトカムとの関連について，今のところ研究数は決して多くなく，また得られた知見は一貫していない。その 1 つに，LMX 分化の指標の問題があるかもしれない。たとえば，個人レベ

ルの LMX 得点の集団内分散を指標とした研究（e.g., Erdogan & Bauer, 2010; Harris, Li, & Kirkman, 2014; Henderson, Wayne, Shore, Bommer, & Tetrick, 2008; Liden, Erdogan, Wayne, & Sparrowe, 2006），チーム内平均値からの逸脱度（e.g., Ford & Seers, 2006），変動係数（e.g., Hooper & Martin, 2008）がある。この他にも，rWG 指標を用いた研究（メンバー集団について，ランダムに評価されたときに期待される反応分布とチーム内変動を比較して，1 人のリーダーに対する評価者間の信頼性を表す；e.g., Boies & Howell, 2006），メンバーそれぞれとの距離の平均を算出する相関的距離（LMX relational separation; e.g., Harris et al., 2014）などが指標として用いられている。このように，集団内分散を用いることが多いものの，LMX 分化を捉える指標の吟味は続いており，まだ十分に確立しているわけではない。

　そして，より重要だと思われる点は，依拠する理論（の解釈）に関する問題である。既存の理論の吟味を継続して行う中で，現象をよりよく説明する新たな視点の導入が必要になるかもしれない。研究の現状把握と今後に向けて，以下では，LMX 分化に関わる理論（の解釈）と予想される仮説を概観する。

［1］LMX 分化の現象を説明する理論と仮説

　LMX 理論は，さまざまな関係性が形成されることを前提としている。このことは，メンバーの LMX が，他のメンバーの LMX との比較に基づいて評価されることを示唆するものである。チーム内における自身の立ち位置，あるいは将来に期待がもてるかどうかの見通しが，チーム内における態度や行動に影響する。この現象を説明するうえで考慮されている視点や理論をみていく。

　まず 1 つは，公正さの視点である。衡平理論や手続的公正理論によれば，自己の資源の投資量と他者のそれを比較し，また区別して，それぞれに見合う報酬や公正な対応が得られることを人は望むこと，そしてそれが実現したときに個人やチームは望ましいパフォーマンスを示すと考える。すなわち，LMX 分化が大きいほど（大きくても公正であると認知すれば），ポジティブな効果が仮説として導かれる。ただし，LMX 分化が大きい状況について，それをつくり出したリーダーの対応は，平等・一貫の規範から逸脱しており，メンバーの中には自身が受けられるはずの資源が剥奪された状態とみなす者も出てくる可能

性がある。このことを前提にすると（相対的剥奪理論），LMX 分化の大きさは，メンバーにとって不公正と認知されやすい。この場合には，むしろネガティブな効果が予想されることになる。

　もう1つは，アイデンティティ形成の視点である。社会的アイデンティティ理論に基づくと，社会的にカテゴリー化されよそ者の存在が顕現した場合，ウチとの葛藤が経験されやすくなる。すなわち，LMX 分化が大きいことは，ネガティブな効果をもたらすだろう。

　ところが実際には，各種パフォーマンスに対する LMX 分化の主効果が見出されていない研究もある（e.g., LeBlanc & González-Romá, 2012; Liden et al., 2006; Harris et al., 2014）。このように，各種パフォーマンスに対する LMX 分化の直接的効果について，一貫した結果はまだ得られていないのである。

［2］LMX 分化をめぐる問題の解決に向けて

　このような現状を踏まえて，今，LMX 分化は，公正さやアイデンティティ形成の情報をメンバーに与える文脈として作用する，という視点で検討が進められている。この検討における関心事の1つは，マネジメントが難しい LMX 分化の大きいチームで，ポジティブな効果が期待できる条件の解明にある。

1）LMX 分化と個人 LMX の交互作用効果

　LMX 分化のインパクトは，個人の LMX の質によって異なるという調整効果の検討が行われている。Harris et al.（2014）は，LMX 分化が組織市民行動に直接影響を及ぼすことは見出していないが，個人の LMX の質との交互作用効果を報告している。この結果では，LMX の質が低いメンバーよりも高いメンバーの方が，組織市民行動を積極的にとる傾向が顕著に見られたのは，LMX 分化が小さい（チーム内の LMX が各メンバーとも類似している）チームであった。

　逆に Henderson et al.（2008）は，LMX の質が高い個人が心理的契約の履行を高く評価する傾向は，LMX 分化の大きいチームにおいて見られたことを報告した（e.g., Boies & Howell, 2006; Ma & Qu, 2010）。

　さらには，LMX 分化の小さいチームよりも大きいチームで，ポジティブな効果が生じていたのは，あるいは，分化の影響が小さかったのは，LMX の質

が低い個人であったと報告した研究もある（Kauppila, 2016; Liden et al., 2006）。
これは，一見すると意外にも思える結果であるが，この結果に対する1つの
考察は以下のようになされている。LMX の分化が大きいチームということは，
LMX の高いメンバーを含むチームである。このことは，すなわち，リーダーに
は関係性構築のスキルが一定レベルあるということを意味している。LMX の
低い個人にとってみれば，LMX の高い個人と同じようにリーダーから支援を
受ける可能性があり，その実現に向かおうとすることによるのではないかと解
釈されている。しかしながら，この視点で得られた知見も決着はついていない。

2）LMX 分化と組織要因の交互作用効果

　もう1つの試みは，LMX 分化とアウトカムの関連の強さを調整する組織 /
チーム要因（たとえば，公正な組織風土，課題依存性）を明らかにしようと
するものである（e.g., Erdogan et al., 2010; Haynie, Cullen, Lester, Winter, &
Svyantek, 2014; Liden et al., 2006）。その中でも，Sui, Wang, Kirkaman, & Li
（2016）の研究は興味深い。この論文の中で，LMX 分化に関する先行研究は，
社会的アイデンティティ理論を十分に応用しきれていないと指摘されたので
ある。この理論に依拠するならば，チーム内の LMX 分化の程度とチーム調整
（team coordination）の関連は，逆 U 字型になるはずであるという。

　それは，以下のように考えられたことによる。通常，チームでは，ウチとソ
トのような下位集団が形成（社会的カテゴリー化）され，それが活性化すると
互いの境界・区別が認識されやすくなる。ただし，LMX 分化が小さいチーム
であれば，全員の LMX の質が同じかほぼ類似している状態であり，中程度の
LMX 分化レベルまでは，カテゴリー化（されたウチとソトの存在）による影響
を受けながらも，チームタスクのパフォーマンスを促す刺激として作用するだ
ろう。ところが，LMX 分化の程度があるレベルを超えて大きくなると，現在
のアイデンティティ（の相対的優位性）が，同じチーム内に存在するソト（自
分を含まない複数の下位集団）から脅かされやすくなり，同一チーム内での競
争や軋轢も生まれやすくなる。その結果，チーム・パフォーマンスは低下する
と考えられたのである。

　さらに，Sui et al.（2016）は，この社会的アイデンティティ理論を踏まえる
と，LMX 分化の影響を左右する重要な組織要因としてチームの規模を取り上

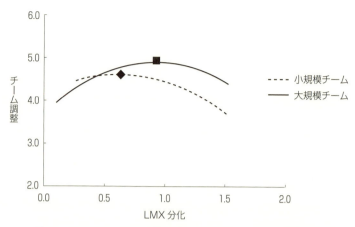

図 4-3 LMX 分化 – チーム調整の関係に及ぼすチーム規模の調整効果

げた。この研究では，とりわけ，LMX 分化が大きいときでもポジティブな効果（ネガティブな効果の抑制）が見られるかどうかについて議論された。

　具体的には，大規模チームで LMX 分化が中程度以上に大きいと，アイデンティティの拠り所となる下位集団の数もまた増える可能性が高い。下位集団の数が多くなれば，互いのカテゴリーやその差異が認識されにくくなり，アイデンティティ脅威が低減される。結果，競争や軋轢が抑制され，チーム調整が促進されるだろう。他方，小規模チームにおいて，LMX 分化が中程度以上に大きいと認知される状態とは，下位集団が顕現していることの反映である。この状態に陥った小規模のチームでは，互いが非好意的であり，不公正の認知や軋轢が生じやすく，チーム調整行動は抑制されるとの仮説が導かれた。

　分析の結果は，いずれの仮説も支持するものであった（図 4-3）。なお，この論文では，勢力格差の高低による調整効果についても分析され，仮説を支持する結果を得ている。

7. 関係性アプローチのパースペクティブ

　本章では，LMX 理論を中心にリーダーシップ研究における位置づけやこの理論の中心概念について概説するとともに，この領域における研究の動向を紹

介した。最後に，今後の展開・研究の方向性を以下に挙げる。

［1］LMXのダークサイド，ポジティブな効果の限界に関する研究

　LMXに関する従来の研究のほとんどが，LMXの質が高いほどさまざまなア
ウトカムに対してポジティブな影響を及ぼすことを認めている。しかしその一
方で，Harris & Kacmar（2006）の研究は示唆的である。この研究では，LMX
の質の高さとストレスはU字型（LMXが高すぎるとストレスを高める）の関
係であることが報告された。本章で紹介したCoker-Cranney & Reel（2015）と
合わせて，今後，LMXのポジティブな効果が及ばなくなる条件（限界点），あ
るいはLMXのダークサイドについても視野に入れていく必要があるだろう。

［2］関係性の崩壊とその修復に関する研究

　これまでのリーダーシップの関係性アプローチ/LMX研究の多くは，関係性
が望ましい方向で形成される段階を前提に進められてきた。しかし，Graen &
Scandura（1987）が指摘するように，役割形成の段階での失敗により，関係性
が前の段階に戻ることや信頼の失墜に至ることがある。なぜこのような事態に
陥るのか，そしてこの事態をどうすれば修復できるのかについての研究が進め
られている（山浦, 2013; Yamaura & Ohtsubo, 2015）。特に，修復に有効な条件，
あるいはLMXの質は低いが有能なメンバーとの関わりを（戦略的に）変化さ
せる条件については，今後も多面的に検討していく必要があるだろう。

［3］組織構造としての関係性および組織風土の醸成との関連分析

　LMX分化の視点は，あくまでも二者関係を単位とした関係性アプローチの
立場をとりながらも，より現実的な組織状況を想定したものである。ただし，
現在のところ，この視点ではメンバーどうしの関係，いわゆるインフォーマル
な構造とその影響を捉えることはできていない。このことについては，たとえ
ば，Sparroweとその研究グループがネットワークとして捉えた検討を試みて
いる（Sparrowe & Emery, 2016）。今後，どの二者関係の状態（たとえば，ポ
ジティブな情動など）が組織/チームに伝播し風土を醸成するのか，あるい
は，風土変革を試みた組織において，LMXの質がどのように変化するかなど，

LMX の質と組織風土の関係については検討すべき課題だろう（e.g., González-Romá, 2016）。また，このプロセスの理解に基づいた，効果的なマネジメントの構築も課題になるだろう。

［4］関係性（LMX）に基づくリーダーシップ開発の研究

LMX の効果性に関する研究に比べて，関係性をベースにしたリーダーシップ・トレーニングの開発の研究は多くない。Graen, Novak, & Sommerkamp（1982）が行った LMX 最初の実証研究は，LMX の効果を示すものであったと同時に，リーダーシップ・トレーニング研究としても示唆的な研究である。より効果的な現場トレーニング方法がエビデンスベースで考案されることが望まれる。

引用文献

Atwater, L., & Carmeli, A. (2009). Leader-member exchange, feelings of energy, and involvement in creative work. *Leadership Quarterly, 20* (3), 264-275.

Barnard, C. I. (1938). *The function of the executive.* Harvard University Press.（山 本 安次郎・田杉 競・飯野 春樹（訳）(1968). 新訳　経営者の役割　ダイヤモンド社）

Bauer, T. N., & Erdogan, B. (2016). *The Oxford handbook of leader-member exchange.* New York: Oxford University Press.

Boies, K., & Howell, J. M. (2006). Leader-member exchange in teams: An examination of the interaction between relationship differentiation and mean LMX in explaining team-level outcomes. *Leadership Quarterly, 17* (3), 246-257.

Chan, S. C. H., & Mak, W. -M. (2012). Benevolent leadership and follower performance: The mediating role of leader-member exchange (LMX). *Asia Pacific Journal of Management, 29* (2), 285-301.

Chen, X. P., & Chen, C. C. (2004). On the intricacies of the Chinese quanxi: A process model of quanxi development. *Asia Pacific Journal of Management, 21,* 305-324.

Cogliser, C. C., & Schriesheim, C. A. (2000). Exploring work unit context and leader-member exchange: A multi-level perspective. *Journal of Organizational Behavior, 21* (5), 487-511.

Coker-Cranney, A., & Reel, J. J. (2015). Coach pressure and disordered eating in female collegiate athletes: Is the coach-athlete relationship a mediating factor? *Journal of Clinical Sport Psychology, 9,* 213-231.

Dansereau, F. Jr., Graen, G., & Haga, W. J. (1975). A vertical dyad linkage approach to leadership within formal organizations: A longitudinal investigation of the role making process. *Organizational Behavior and Human Performance, 13* (1), 46-78.

de Oliveira, L. B., & da Silva, F. F. R. A. (2015). The effects of high performance work systems and leader-member exchange quality on employee engagement: Evidence from a Brazilian non-profit organization. *Procedia Computer Science, 55*, 1023-1030.

Dulac, T., Coyle-Shapiro, J. A-M., Henderson, D. J., & Wayne, S. J. (2008). Not all responses to breach are the same: The interconnection of social exchange and psychological contract processes in organizations. *Academy of Management Journal, 51* (6), 1079-1098.

Dulebohn, J. H., Bommer, W. H., Liden, R. C., Brouer, R. L., & Ferris, G. R. (2012). A meta-analysis of antecedents and consequences of leader-member exchange: Integrating the past with an eye toward the future. *Journal of Management, 38* (6), 1715-1759.

Dysvik, A., Buch, R., & Kuvaas, B. (2015). Knowledge donating and knowledge collecting: The moderating roles of social and economic LMX. *Leadership & Organization Development Journal, 36* (1), 35-53.

Eisenberger, N. I. (2012). Broken hearts and broken bones: A neural perspective on the similarities between social and physical pain. *Current Directions in Psychological Science, 21*, 42-47.

Erdogan, B., & Bauer, T. (2010). Differentiated leader-member exchanges: The buffering role of justice climate. *Journal of Applied Psychology, 95*, 1104-1120.

Erdogan, B., Liden, R. C., & Kraimer, M. L. (2006). Justice and leader-member exchange: The moderating role of organizational culture. *Academy of Management Journal, 49* (2), 395-406.

Ford, L. R., & Seers, A. (2006). Relational leadership and team climates: Pitting differentiation versus agreement. *Leadership Quarterly, 17* (3), 258-270.

Gerstner, C. R., & Day, D. V. (1997). Meta-analytic review of leader-member exchange theory: Correlates and construct issues. *Journal of Applied Psychology, 82* (6), 827-844.

Gkorezis, P. (2015). Supervisor support and pro-environmental behavior: The mediating role of LMX. *Management Decision, 53* (5), 1045-1060.

González-Romá, V. (2016). Leader-member exchange and organizational culture and climate. In T. N. Bauer & B. Erdogan (Eds.), *The Oxford handbook of leader-member exchange* (pp. 311-331). New York: Oxford university Press.

Graen, G. B., Liden, R. C., & Hoel, W. (1982). Role of leadership in the employee withdrawal process. *Journal of Applied Psychology, 67* (6), 868-872.

Graen, G., Novak, M. A., & Sommerkamp, P. (1982). The effects of leader-member exchange and job design on productivity and satisfaction: Testing a dual attachment model. *Organizational Behavior and Human Performance, 30* (1), 109–131.

Graen, G. B., & Scandura, T. A. (1987). Toward a psychology of dyadic organizing. *Research in Organizational Behavior, 9,* 175–208.

Graen, G. B., & Uhl-Bien, M. (1995). Relationship-based approach to leadership: Development of leader-member exchange (LMX) theory of leadership over 25 years: Applying a multi-level multi-domain perspective. *Leadership Quarterly, 6* (2), 219–247.

Green, S. G., Anderson, S. E., & Shivers, S. L. (1996). Demographic and organizational influences on leader-member exchange and related work attitudes. *Organizational Behavior and Human Decision Processes, 66* (2), 203–214.

Greguras, G. J., & Ford, J. M. (2006). An examination of the multidimensionality of supervisor and subordinate perceptions of leader-member exchange. *Journal of Occupational and Organizational Psychology, 79,* 433–465.

Griep, Y., Vantilborgh, T., Baillien, E., & Pepermans, R. (2016). The mitigating role of leader–member exchange when perceiving psychological contract violation: A diary survey study among volunteers. *European Journal of Work and Organizational Psychology, 25* (2), 254–271.

Hackman, J. R., & Oldham, G. R. (1975). Development of the job diagnostic survey. *Journal of Applied Psychology, 60,* 159–170.

Harris K. J., & Kacmar, K. M. (2006). Too much of a good thing: The curvilinear effect of leader-member exchange on stress. *Journal of Social Psychology, 146* (1), 65–84.

Harris, K. J., Wheeler, A. R., & Kacmar, K. M. (2011). The mediating role of organizational job embeddedness in the LMX-outcomes relationships. *Leadership Quarterly, 22* (2), 271–281.

Harris, T. B., Li, N., & Kirkman, B. L. (2014). Leader-member exchange (LMX) in context: How LMX differentiation and LMX relational separation attenuate LMX's influence on OCB and turnover intention. *Leadership Quarterly, 25* (2), 314–328.

Haynie, J. J., Cullen, K. L., Lester, H. F., Winter, J., & Svyantek, D. J. (2014). Differentiated leader-member exchange, justice climate, and performance: Main and interactive effects. *Leadership Quarterly, 25* (5), 912–922.

Henderson, D. J., Wayne, S. J., Shore, L. M., Bommer, W. H., & Tetrick, L. E. (2008). Leader-member exchange, differentiation, and psychological contract fulfillment: A multilevel examination. *Journal of Applied Psychology, 93* (6), 1208–1219.

Hooper, D. T., & Martin, R. (2008). Beyond personal leader-member exchange (LMX) quality: The effects of perceived LMX variability on employee reactions. *Leadership Quarterly, 19* (1), 20–30.

Ilies, R., Nahrgang, J. D., & Morgeson, F. P. (2007). Leader-member exchange and citizenship behaviors: A meta-analysis. *Journal of Applied Psychology, 92* (1), 269–277.

Janssen, O., & Van Yperen, Y. W. (2004). Employee's goal orientations, the quality of leader-member exchange, and the outcomes of job performance and job satisfaction. *Academy of Management Journal, 47* (3), 368–384.

Joiner, T. A., & Leveson, L. (2015). Effective delegation among Hong Kong Chinese male managers: The mediating effects of LMX. *Leadership & Organization Development Journal, 36* (6), 728–743.

Jowett, S. (2007). Interdependence analysis and the 3+1Cs in the coach-athlete relationship. In S. Jowett & D. Lavallee (Eds.), *Social psychology in sport* (pp.15–27). Champaign, IL: Human Kinetics.

Jowett, S., & Ntoumanis, N. (2004). The coach-athlete relationship questionnaire (CART-Q): Development and initial validation. *Scandinavian Journal of Medicine & Science in Sports, 14* (4), 245–257.

Jowett, S., Shanmugan, V., & Caccoulis, S. (2012). Collective efficacy as a mediator of the link between interpersonal relationships and athlete satisfaction in team sports. *Internationl Journal of Sport and Exercise Psychology, 10*, 66–78.

Kauppila, O. P. (2016). When and how does LMX differentiation influence followers' work outcomes? The interactive roles of one's own LMX status and organizational context. *Personnel Psychology, 69*, 357–393.

Lam, W., Huang, X., & Snape, E. (2007). Feedback-seeking behavior and leader-member exchange: Do supervisor-attributed motives matter? *Academy of Management Journal, 50* (2), 348–363.

LeBlanc, P. M., & González-Romá, V. (2012). A team level investigation of the relationship between Leader-Member Exchange (LMX) differentiation, and commitment and performance. *Leadership Quarterly, 23* (3), 534–544.

Liden, R. C., Erdogan, B., Wayne, S. J., & Sparrowe, R. T. (2006). Leader-member exchange, differentiation, and task interdependence: Implications for individual and group performance. *Journal of Organizational Behavior, 27* (6), 723–746.

Liden, R. C., & Maslyn, J. M. (1998). Multidimensionality of leader-member exchange: An empirical assessment through scale development. *Journal of Management, 24*, 43–72.

Liden, R. C., Wayne, S. J., & Stilwell, D. (1993). A longitudinal study on the early development of leader-member exchanges. *Journal of Applied Psychology, 78* (4), 662–674.

Little, L. M., Gooty, J., & Williams, M. (2016). The role of leader emotion management in leader-member exchange and follower outcomes. *Leadership Quarterly, 27* (1), 85–97.

Loi, R., Chan, K. W., & Lam, L. W. (2014). Leader-member exchange, organizational identification, and job satisfaction: A social identity perspective. *Journal of Occupational and Organizational Psychology, 87* (1), 42-61.

Ma, L., & Qu, Q. (2010). Differentiation in leader-member exchange: A hierarchical linear modeling approach. *Leadership Quarterly, 21* (5), 733-744.

Martin, R., Guillaume, Y., Thomas, G., Lee, A., & Epitropaki, O. (2016). Leader-member exchange (LMX) and performance: A meta-analytic review. *Personnel Psychology, 69,* 67-121.

Maslyn, J., & Uhl-Bien, M. (2001). Leader-member exchange and its dimensions: Effects of self-effort and other's effort on relationship quality. *Journal of Applied Psychology, 86* (4), 697-708.

南 隆男 (1988). キャリア開発の課題　三隅 二不二・山田 雄一・南 隆男 (編) 組織の行動科学 (pp. 294-331)　福村出版

Nahrgang, J. D., Morgeson, F. P., & Ilies, R. (2009). The development of leader-member exchanges: Exploring how personality and performance influence leader and member relationships over time. *Organizational Behavior and Human Decision Processes, 108* (2), 256-266.

Nahrgang, J. D., & Seo, J. J. (2016). How and why high leader-member exchange (LMX) relationships develop: Examining the antecedents of LMX. In T. N. Bauer, & B. Erdogan (Eds.), *The Oxford handbook of leader-member exchange* (pp.87-117). New York: Oxford University Press.

Newman, A., Schwarz, G., Cooper, B., & Sendjaya, S. (2015). How servant leadership influences organizational citizenship behavior: The roles of LMX, empowerment, and proactive personality. *Journal of Business Ethics,* 1-14.

Rotundo, M., & Sackett, P. R. (2002). The relative importance of task, citizenship, and counterproductive performance to global ratings of job performance: A policy-capturing approach. *Journal of Applied Psychology, 87,* 66-80.

Scandura, T. A., Graen, C. B., & Novak, M. A. (1986). When managers decide not to decide autocratically: An investigation of leader-member exchange and decision influence. *Journal of Applied Psychology, 71* (4), 579-584.

Schoorman, F. D., Mayer, R. C., & Davis, J. H. (2007). An integrative model of organizational trust: Past, present, and future. *Academy of Management Review, 32* (2), 344-354.

Siron, R. B., Muttar, A. K., & Ahmad, Z. A. (2015). Leader-member exchange and academic job performance in the Iraqi technical colleges and institutes: The mediating role of job satisfaction. *International Review of Management and Business Research, 4* (3), 731-742.

Sparrowe, R. T., & Emery, C. (2016). Tracing structurre, tie strength, and cognitive networks in LMX theory and research. In T. N. Bauer, & B. Erdogan (Eds.), *The Oxford handbook of leader-member exchange* (pp.293-309). New York: Oxford University Press.

Sue-Chan, C., Au, A. K. C., & Hackett, R. D. (2012). Trust as a mediator of the relationship between leader/member behavior and leader-member-exchange quality. *Journal of World Business, 47,* 459-468.

Sui, Y., Wang, H., Kirkman, B. L., & Li, N. (2016). Understanding the curvilinear relationships between LMX differentiation and team coordination and performance. *Personnel Psychology, 69,* 559-597.

Sweet, K. M., Witt, L. A., & Shoss, M. K. (2015). Managing adaptive performers: The interactive effects of leader-member exchange and perceived organizational support on employee adaptive performance. *Journal of Organizational Psychology, 15* (1), 49-62.

Tandon, M. S., & Ahmed, O. (2015). LMX and job attitudes: Impact on service performance. *Journal of International Academic Research for Multidisciplinary, 3* (5), 132-153.

Tse, H. H. M., Dasborough, M. T., & Ashkanasy, N. M. (2008). A multi-level analysis of team climate and interpersonal exchange relationships at work. *Leadership Quarterly, 19,* 195-211.

Volmer, J., Spurk, D., & Niessen, C. (2012). Leader-member exchange (LMX), job autonomy, and creative work involvement. *Leadership Quarterly, 23* (3), 456-465.

Walumbwa, F. O., Cropanzano, R., & Goldman, B. M. (2011). How leader-member exchange influences effective work behaviors: Social exchange and internal–external efficacy perspectives. *Personnel Psychology, 64* (3), 739-770.

Wat, D., & Shaffer, M. A. (2005). Equity and relationship quality influences on organizational citizenship behaviors: The mediating role of trust in the supervisor and empowerment. *Personnel Review, 34* (4), 406-422.

山浦 一保 (2013). 上司－部下の崩壊した信頼関係の修復に関する研究（Ⅱ）―効果的な対処行動の選択を促進する条件― 産業・組織心理学会第 29 回大会, 176-179.

Yamaura, K., & Ohtsubo, Y. (2015). Relationship value in superior-subordinate relationships promotes pro-relationship behaviors following trust-damaging events. The 16th Society for Personality and Social Psychology. Long Beach: California.

5 サーバント・リーダーシップ

池田　浩

1. 組織で必要とされているリーダーシップとは

［1］組織の停滞・再活性化と変革型リーダーシップ

　これまで数多くのリーダーシップ理論が提唱されてきているが（e.g., Bass & Bass, 2008; Yukl, 2012），それらの理論と当時の組織の状況や取り巻く環境の変化との間には密接なつながりがある。たとえば，現在，リーダーシップ研究において最も検討されている変革型リーダーシップ理論（Bass, 1985; Burns, 1978）が提唱された背景には，当時米国が直面していていた経済の停滞と不況が関わっている。すなわち，停滞した組織を変革し得るリーダーシップが待望され，Burns（1978）や Bass（1985）を皮切りに，Kotter（1999），Tichy & Devanna（1986）など同じ時代にそれぞれが「変革型リーダーシップ」の重要性を唱えたことは全くの偶然ではない。ある意味で，課題要請に応えるために必然的に生まれた理論と言える。

　この流れは，わが国においても同様である。バブル崩壊後，1990年代初頭から「失われた20年」と称される不景気が続いた。それに呼応するように，わが国においても組織構造の見直し（古川, 1990）やそれを主導する変革型リーダーシップ（金井, 1991; 池田・山口・古川, 2003）が着目されるようになった。

　こうした変革型リーダーシップは，組織を取り巻く環境の変化に適応すべく，リーダーの変革志向的なビジョンの下に，組織の既存の構造（規範や制度を含む）やフォロワーの態度や意識を変えることを目的としたものである。

［2］未経験課題とサーバント・リーダーシップ

　さて，近年の組織はさらに新しい変化に直面している。IT 化やグローバル化が加速的に進展し，組織はこれまで以上に効率的かつ創造的な活動が求められている。また，全く新しい未経験の課題に取り組むことも少なくない。

　当然ながら，これまでのように組織のリーダーが主導することに大きな期待をかけるのはもはや限界がある。場合によっては，リーダーよりもむしろメンバーの方が，課題に関わる知識とスキルに長けていることも珍しくない。このような環境において，期待される成果を上げるためには，①メンバーの自律性を最大限引き出しながら，②チーム内で知的な刺激とコラボレーションを活性化させ，③新たな発想やアイディアなどを創造していく必要がある。

　では，こうしたメンバーの自律性とチーム力を引き出すためには，どのようなリーダーシップが有効だろうか。残念ながら，従来のリーダーシップ論で説明するには限界があり，新しいリーダーシップのあり方が求められている。

　本章では，そうした新しい課題要請に応えるべく，メンバーの成長を支援し，そして彼らが職務を円滑に遂行できるよう下から支え，奉仕する「サーバント・リーダーシップ」（Greenleaf, 1970）に着目し，その理論を概説する。次いで，サーバント・リーダーシップに関する研究の現状として，サーバント・リーダーシップをめぐる測定尺度の問題とその効果について概説しながら，関連する理論である変革型リーダーシップとの類似性および差異性を明確にする。

2.　サーバント・リーダーシップの理論

［1］サーバント・リーダーシップとは

　サーバント・リーダーシップは，Greenleaf が，1970 年に「*The Servant as Leader*（サーバントとしてのリーダー）」というタイトルでエッセイを発表したのが始まりである。Greenleaf は，サーバント・リーダーについて「リーダーである人は，まず相手に奉仕し，その後，相手を導くものである」という基本姿勢のもとに，リーダーは明確なビジョンを掲げ，そして高い倫理観を保持しながら，まずはメンバーを下から支え，奉仕することの重要性を説いている。倫理観やメンバーに対する支援や奉仕は，従来のリーダーシップ理論では明確

に意識されてこなかった新しい視点である。

　ところが，Greenleaf がサーバント・リーダーシップの考えを提唱した 1970
年から，最近に至るまでに長い年月が経過していることに気づく。実は，30 年
もの間，わが国はもとより欧米においてもほとんどサーバント・リーダーシッ
プが注目されることはなかった。その理由は，1980 年代から 1990 年代にかけ
て組織を変革する「カリスマ」的リーダーに期待と関心が集まっていたからで
あると推察される。言い換えると，サーバント・リーダーシップが，社会が待
望するリーダーのイメージとは正反対のものであったことが，軽視され続けた
一因であると言える。しかし，近年になってようやくサーバント・リーダーの
重要性と意義が認識され，2000 年以降徐々に理論的あるいは実証的な研究が蓄
積され始めている。

　さて，「サーバント（servant）」という用語について説明をしておこう。サー
バント（servant）の訳語を辞書で調べてみると，「召使い」「従者」「奉仕者」
などと記されている。われわれが抱くリーダーから連想するイメージとは対照
的な意味が並んでいる。ここにサーバント・リーダーシップをめぐる誤解が潜
んでいる。すなわち，Greenleaf が意図する servant とは，決して単なる「召し
使い」ではなく，リーダーは自らが掲げるミッションや目標の下に，メンバー
に「尽くす」「奉仕する」という意味である。言い換えると，リーダーはミッシ
ョンや目標を掲げ，それを達成するために従業員を意欲づけるが，そのときに，
リーダーはメンバーを上からの指示や命令によって引っ張るのではなく，あく
までもメンバーが目標を達成できるように下から支えて，尽くすことに重きを
置いているということである。

［2］サーバント・リーダーに求められる 10 の特性

　サーバント・リーダーシップとは，具体的なスキルや方法論ではなく，「リー
ダーである人は，まず相手に奉仕し，その後相手を導くものである」という実
践哲学を意味する。リーダーシップに対する信念や考え方とも表現できる。

　したがって，サーバント・リーダーシップをどのように実践するかは，上記
の実践哲学をどのように解釈するかによってさまざまである。また，リーダー
が組織のどの階層に位置する管理者なのか，メンバーがどの程度成熟している

か，あるいはメンバーの取り組む課題が単調なものか，自律性や創造性が求められるものか，などによっても具体的に実践するサーバント・リーダーシップのあり方は変わってくる。ここにサーバント・リーダーシップを実践する難しさがある。

その中でも，サーバント・リーダーには共通する特徴が存在する。米国のグリーンリーフセンターの元所長である Spears（Spears, 1995; Spears & Lawrence, 2002）は，表5-1に示すようにサーバント・リーダーに求められる10の特徴を挙げている。

第1は「傾聴」である。メンバーを支えて，活かし，成長を支援するためには，まずメンバーが何を望んでいるかを引き出す必要がある。そのためには，しっかり耳を傾けることが求められる。第2は「共感」である。これは，相手の立場に立って，相手の気持ちを理解することである。この共感によって，メンバーはリーダーに対して安心感と信頼感を抱くようになる。第3は「癒し」である。これはメンバーの心の傷を回復させて，本来もっている力を取り戻させることである。第4の特徴は「気づき」である。主観や思いこみに惑わされ

表 5-1　サーバント・リーダーに求められる 10 の特徴

特徴	内容
傾聴	相手が望んでいることを聞き出すために，まずは話をしっかり聞き，どうすれば相手の成長の役に立てるか考える。
共感	相手の立場に立って相手の気持ちを理解する。
癒し	相手の心を癒す言葉をかけ，本来の力を取り戻させる。
気づき	先入観や偏見にとらわれず，気づきを得ようとする。また，職員に気づきを与えることができる。
説得	相手とコンセンサスを得ながら納得を促すことができる。
概念化	個人や組織のあるべき姿（ビジョン）を具体的に示し，伝えることができる。
先見力	過去の経験に学び，現実をよく見て，次に起こりえることを予測できる。
奉仕	自分が利益を得ることよりも，相手に利益を与えることに喜びを感じる。
成長への関与	仲間の成長をもたらすことに深い関心をもつ。それぞれのもつ価値や可能性に気づくことができる。
コミュニティづくり	人々が大きく成長できる協働の場をつくり出せる。

ず，物事のありのままを見て，メンバーに対する気づきを得ることである。また，自分への気づきも重要である。これは昨今のリーダーに強く求められる倫理観とも関わってくる。第5は「説得」である。サーバント・リーダーは掲げるビジョンを強制するのではなく，それがなぜ必要か論理的に伝えることが求められる。第6は「概念化」である。リーダーが大きな夢やビジョナリーなコンセプトをもち，それを相手に伝えることである。第7は「先見力」であり，組織の将来を見通すことも求められる。第8は「奉仕」である。これは自分の利益よりも，相手の利益を考え，尽くすことを意味する。第9は「成長への関与」であり，メンバーの成長に関心をもち，それを意識した関わりが求められる。そして最後は「コミュニティづくり」である。メンバーの協働を高めるために，職場内外での関わりをもつことの重要性を説き，それを促すことである。

［3］従来のリーダーシップ論とは「導き方」が異なる

　さて，従来のリーダーシップに対する考え方とサーバント・リーダーシップは，図5-1に示すようにメンバーに対する目標達成への「導き方」（the style of how to lead）の点で趣を異にしていると言える。換言すると，従来の多くのリーダーシップの理論では，リーダーはメンバーの上に立ち，上意下達で指示や命令を行いながら目標達成に向けてメンバーを導いていたと見ることができる。それに対して，サーバント・リーダーシップはメンバーを下から支え，奉仕しながら目標達成に導くものである。サーバント・リーダーシップの最も大

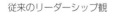

従来のリーダーシップ観　　　　　　サーバント・リーダーシップ
　　・トップダウン　　　　　　　　　　・奉仕する
　　・上意下達　　　　　　　　　　　　・下から支える
　　・指示・命令　　　　　　　　　　　・人の役に立つ

図5-1　「導き方」から見た従来のリーダーシップ観とサーバント・リーダーシップ

きな特徴はここにあると言える。このように，サーバント・リーダーシップは
これまでのリーダーシップに関する前提や考え方を大きく変えていることから，
「リーダーシップのパラダイムシフト」と言えるだろう（池田, 2015）。

［4］Lewin らの社会風土の実験から見たサーバント・リーダーシップ

　では，従来型のトップダウン的なリーダーシップスタイルとメンバーを下か
ら支えるサーバント・リーダーシップでは，集団の成果や従業員の態度に与え
る効果にどのような違いがあるのだろうか。この問題を考えるうえで，古典的
ではあるが，Lewin らのリーダーシップと社会風土の実験（Lewin & Lippitt,
1938）は，重要かつ実践的な示唆を提供している。

　この実験では，少年グループを対象に，専制型リーダーと民主型リーダーの
効果が検証された。専制型リーダーのグループでは，集団活動のすべてをリー
ダー自らに決定させ指示・命令を行わせたのに対し，民主型リーダーのグルー
プでは，集団の方針は可能な限りメンバーである少年たちによる討議によって
決定するように任せ，リーダーは必要に応じて適切な助言と援助を行った。

　その結果，作業量は，専制型リーダーと民主型リーダーともに優れていたが，
モチベーションや集団の雰囲気は，リーダーシップのスタイルで大きく異なっ
ていた。すなわち，民主型リーダーのもとでは，少年たちのモチベーションは
自律的で高く，創造性が発揮され，集団の雰囲気も友好的であった。それに対
して，専制型リーダーのもとでは，集団の雰囲気は攻撃的で，リーダーがいる
ときには作業に取り組むものの，いないときには作業を怠けている様子が見受
けられた。

　以上，2つのリーダーシップをメンバーに対する導き方の観点から再考して
みると，専制的リーダーは上意下達を象徴とするトップダウン的なリーダー
シップスタイルであると見なすことができる。そうしたトップダウン的リーダ
ーシップのもとでは，期待されるパフォーマンスこそ実現することができるが，
メンバーの自律性はおろかチームワークも育ちにくい。一方で，民主的なリー
ダーシップスタイルはメンバーを下から支え，奉仕するサーバント・リーダー
シップと見なすことができる。これは，放任とは異なり，メンバー主導で課題
を進めるものの，必要に応じてメンバーを支援する進め方であり，メンバーの

自律性を引き出し，期待以上のパフォーマンスを引き出す可能性をもっている。

3. サーバント・リーダーシップ研究の現状

　2000 年以降，サーバント・リーダーシップの意義と効果に関心が集まるようになり，実証的な研究が蓄積されている。それらを大別すると，①サーバント・リーダーシップの測定尺度に関わる研究，②サーバント・リーダーシップの効果や効果性に関わる研究，そして③変革型リーダーシップをはじめとするほかのリーダーシップとの弁別性や効果性の違いを実証した研究に分けることができる。

［1］サーバント・リーダーシップの測定尺度に関する研究
　サーバント・リーダーシップに関する関心が高まるにつれて，それを測定する尺度が相次いで開発された。その多くは，先の Spears（Spears, 1995; Spears & Lawrence, 2002）によるサーバント・リーダーに見られる 10 の特徴を軸に，その他の重要な特徴として「倫理性」「奉仕」「メンバーの成長支援」などの次元を盛り込みながら尺度構成を試みている。その代表的な尺度が表 5-2 である。
　たとえば，Barbuto & Wheeler（2006）は，Greenleaf（1970）ならびに Spears（1995）を中心に丁寧な文献レビューに基づいて尺度項目を作成し，リーダーシップ訓練セミナーに参加したリーダー 80 名のサーバント・リーダーシップについて 388 名による評価データを収集している。そしてそのデータをもとに探索的因子分析を施し，最終的に 23 項目からなる 5 因子の尺度を構成している。
　また，サーバント・リーダーシップ研究において最もよく用いられている尺度は，Ehrhart（2004）と Liden, Wayne, Zhao, & Henderson（2008）であろう。Ehrhart（2004）は先行研究に基づき，14 項目からなる 1 因子構造の尺度を構成している。また，Liden et al.（2008）は緻密な手続きに基づいて尺度を作成している。彼らは，298 名の大学生および企業で働く 182 名の従業員を対象に実施し，最終的に 28 項目からなる 7 因子構造の尺度を開発している。そして，従来の主要な理論である変革型リーダーシップ（Bass, 1985）ならびに LMX（Dansereau, Graen, & Haga, 1975）の影響を統制したうえで，サーバント・リ

ーダーシップが組織市民行動や役割内行動，また組織コミットメントに効果を
もつことを明らかにしている点は注目に値する。さらに最近，Liden, Wayne,
Meuser, Hu, Wu, & Liao（2015）は，Liden et al.（2008）のサーバント・リーダ
ーシップ尺度28項目からさらに項目を絞り込み，7項目による短縮版尺度（SL-
7）の妥当性と信頼性を検討している。

　なお，短期間に多くの研究者が尺度を作成しているが，その大きな理由は，
因子構造の不安定さにある。つまり，既に開発された尺度を別の研究者が用い
て再検討したとしても因子構造が再現されにくいという問題を抱えている。特
に，複数の因子構造は再現されにくいために，結果として1因子構造を採用し
ている Ehrhart（2004）や緻密に作成された Liden et al.（2008）の尺度がよく
利用されていると考えられる。

表5-2　サーバント・リーダーシップを測定する主要な尺度

著者	Barbuto & Wheeler (2006)	Dennis & Bocarnea (2005)	Ehrhart (2004)	Liden, Wayne, Zhao, & Henderson (2008)	van Dierendonck & Nuijten (2011)
項目数	23	23	14	28	30
権限委譲と成長支援		権限委譲 信頼	権限委譲 部下の成長と成功への支援	権限委譲 部下の成長と成功への支援	権限委譲
謙虚さ	利他的使命	謙虚さ	部下との関係を築く 部下を第一に考える	部下を第一に考える	謙虚さ 部下を優先する
真正さ（authenticity）					真正さ
対人的受容	感情的癒し	無償の愛		感情的癒し	許し
方向性の提示	説得的なビジョン	ビジョン	概念的スキル	概念的スキル	勇気 説明責任
奉仕（stewardship）	組織的奉仕 知恵		組織外部者のために価値を築く	コミュニティづくりに対する価値の創造	奉仕
倫理的行動			倫理的行動	倫理的行動	

［ 2 ］サーバント・リーダーシップの効果

　さて，サーバント・リーダーシップはどのような効果をもたらすのだろうか。サーバント・リーダーは自身の掲げるビジョンのもとに，無私無欲でメンバーに奉仕し，尽くすことで，従来のリーダーシップ理論とは異なる効果をもつことが明らかにされつつある。

1）リーダーに対する信頼の醸成

　1つは「リーダーに対する信頼」である。Schaubroeck, Lam, & Peng（2011）は，変革型リーダーシップとサーバント・リーダーシップの異なる機能を明らかにするために，McAllister（1995）の信頼の概念を用いて検討している。McAllister（1995）は，信頼をパフォーマンスに関連する情報としてリーダーの有能さや責任感などに基づく「認知的信頼」（cognition-based trust）と共感性や友好関係など情緒的な絆を基盤とする「情緒的信頼」（affect-based trust）の2つに整理している。そして2つの異なるリーダーシップとの関連性を検討したところ，変革型およびサーバント・リーダーシップいずれもチームパフォーマンスと正の関連性を示していた。しかし，注目すべきは，変革型リーダーシップとサーバント・リーダーシップでは，チームパフォーマンスに至るメカニズムが異なっていることである。すなわち，変革型リーダーシップは，メンバーのリーダーに対する「認知的信頼」を引き出し，それが「チームの潜在力」を高めて，結果としてチームパフォーマンスに結実していた。一方，サーバント・リーダーシップは，メンバーのリーダーに対する「情緒的信頼」を生み出し，それがチーム内での「心理的安全」（Edmondson, 1999）へと波及してチームパフォーマンスを高めていた。なお，チームパフォーマンスに対してサーバント・リーダーシップの説明力（R^2=.23）は，変革型リーダーシップ（R^2=.13）よりも10％ほど高いことも明らかにされている。

　サーバント・リーダーシップは，メンバーを第一に考え，成長を支援し，そして彼らが目標達成に邁進できるように支援する行為を含むものである。こうしたリーダーの無私無欲の働きかけは，メンバーにとってリーダーに対する信頼を形成する源になると言える。

　また池田・黒川（2014）は，看護師を対象とした調査において，サーバント・リーダーシップが直接的に職場内の関係性を形成するのではなく，リーダーと

メンバー個々の関係性を形成し，そしてそれが波及して職場内のメンバー同士の関係性の形成に結実することを明らかにしている。

2）メンバーの自律性の促進

　2つ目は「メンバーの自律性」の促進である。サーバント・リーダーシップは，メンバーに権限委譲を行うことから，メンバーの自律性を促す機能をもつ。それによって，メンバーの自発的な役割外行動が生み出されると考えられる。それに関して，Ehrhart（2004）は，食品店の従業員249名を対象に調査を行ったところ，管理者のサーバント・リーダーシップは，職場内の手続き的公正風土を高め，それがメンバーの自律性（組織市民行動）を高めることを明らかにしている。また Walumbwa, Hartnell, & Oke（2010）も7つの多国籍企業を対象とした調査によって同様の結果を得ている。

3）メンバーの協力行動や協力風土の醸成

　3つ目は，「メンバーの協力行動や協力風土の醸成」である。たとえば，Hunter, Neubert, Perry, Witt, Penney, & Weinberger（2013）によると，サーバント・リーダーシップは組織において奉仕のサイクルを生み出すという。すなわち，サーバント・リーダーシップは，メンバーの奉仕する態度を喚起し，それが集団レベルに波及して奉仕的な組織風土を形成することが考えられる。その理論的根拠としては，社会的学習理論（Bandura, 1977）と社会的交換理論（Blau, 1964）にある。社会的学習理論に基づくと，メンバーはサーバント・リーダーを役割モデルとして学習し，リーダーにまた他のメンバーに対して奉仕や支援の行動を行うようになる。他方で，社会的交換理論の立場では，リーダーによる奉仕に応えるように，メンバーはリーダーに信頼を寄せ，そして協力する。実証的な検討の結果，サーバント・リーダーシップはメンバーの協力行動（他のメンバーやチームに対して）を促すようになり，それがチームレベルの協力行動に波及していた。

　関連して，Liden, Wayne, Liao, & Meuser（2014）は，サーバント・リーダーシップの有する伝染力に着目している。彼らは，71のレストランで働く961名の従業員を対象に調査を実施したところ，リーダーのサーバント・リーダーシップが職場のメンバーに伝染し，それが「奉仕の文化」（serving culture）を生み出すことを明らかにしている。

4）サーバント・リーダーシップが効果をもつ理由

　サーバント・リーダーシップがなぜメンバーの自律性（組織市民行動）を
引き出し，パフォーマンスにつながるかについて，Mayer, Bardes, & Piccolo
（2008）や Chiniara & Bentein（2015）は，メンバーの基本的な心理的欲求の充
足の観点から説明している。

　Ryan & Deci（2000）は自己決定理論（self-determination theory）に基づく
基本的な心理的欲求として，自律性，有能性，関係性の3つを挙げている。こ
れらの欲求が満たされることで，人は自律的なモチベーションや創造性，また
は well-being をもつとされている。サーバント・リーダーシップには，こうし
た3つの基本的な心理的欲求を満たす機能があると考えられる。言い換えると，
メンバーのこれら3つの欲求を満たすために，リーダーはサーバントとして成
長を支援し，奉仕すると見なすこともできる。

　この考えに基づき，Mayer et al.（2008）は，サーバント・リーダーシップは，
組織の公正感を媒介し，それがメンバーの欲求充足につながることを明らかに
している。続いて，Chiniara & Bentein（2015）は，3つの欲求のうち，どの欲
求が満たされるかによって，メンバーの行動に異なる影響があることを明らか
にしている。図5-2を見ると，まずサーバント・リーダーシップは3つの欲求
充足すべてに強い効果をもっている。次に，欲求充足と3つの職務行動との関

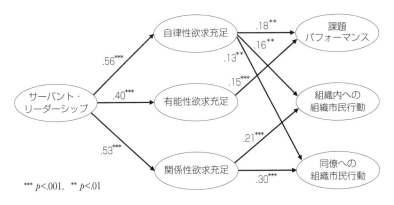

図 5-2　3つの基本的心理欲求を媒介変数としたサーバント・リーダーシップの効果
（Chiniara & Bentein, 2015）

係を見ると，自律性欲求の充足は従業員の課題パフォーマンスならびに2つの組織市民行動（OCB）に有意な効果をもつ。しかし，有能感欲求の充足は従業員の課題パフォーマンスのみに効果をもち，また関係性欲求の充足は2つの組織市民行動に効果をもっている。

［3］変革型リーダーシップとの関連性

　サーバント・リーダーシップとよく対比される理論が変革型リーダーシップであろう。Graham（1991）は，伝統的なカリスマ的リーダーシップを4つに分類している。1つ目は，マックス・ウェーバーの考えに基づく権威的カリスマである。2つ目は有名人のカリスマである。そして3つ目のタイプは変革型リーダーシップであり，そして最後はサーバント・リーダーシップである。その中でも，Graham（1991）は，サーバント・リーダーシップは最も倫理性を備えたカリスマ的リーダーシップであることを主張している。

　また，サーバント・リーダーシップと変革型リーシップとを対比的に検討した研究として，先に紹介したSchaubroeck et al.（2011）がある。彼らはサーバント・リーダーシップならびに変革型リーダーシップいずれもチームパフォーマンスに強い効果をもつものの，心理的なメカニズムが異なることを主張して

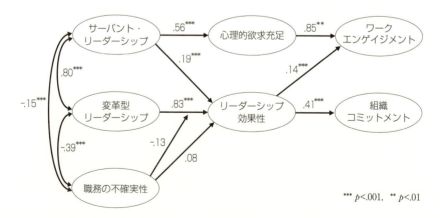

図 5-3　サーバント・リーダーシップと変革型リーダーシップの異なるメカニズム
(van Dierendonck, Stam, Boersma, de Windt, & Alkema, 2014)

いる。すなわち，変革型リーダーシップは，メンバーのリーダーに対する「認知的信頼」を引き出すのに対し，サーバント・リーダーシップは「情緒的信頼」を引き出すことが明らかにされている。

　さらに，最近，van Dierendonck, Stam, Boersma, de Windt, & Alkema (2014) は，サーバント・リーダーシップと変革型リーダーシップとの異なる心理的メカニズムを解明している。サーバント・リーダーシップは，Mayer et al. (2008) や Chiniara & Bentein (2015) で明らかにされたように，心理的な欲求を充足する効果をもち，それが従業員のワークエンゲイジメントを促進していた。それに対して，変革型リーダーシップは，メンバーによるリーダーシップ効果性認知を引き出し，それが組織コミットメントやワークエンゲイジメントに結実していることが明らかにされている。

4. まとめとパースペクティブ

　サーバント・リーダーシップの歴史は他の理論と比べて長いものの，その効果やメカニズムの研究はほとんどなされなかった。ところが，この10年余りで急速に実証的な研究が蓄積され，サーバント・リーダーシップの特徴や効果，また変革型リーダーシップなど他の主要な理論との違いなども明確になりつつある。もちろん，サーバント・リーダーシップの効果がすべて明らかになったわけではなく，今後さらに知見の蓄積が期待される。

　その中で特に今後の研究が必要なものとして下記の2つが挙げられる。

　1つは，サーバント・リーダーシップの実践哲学に基づいた行動や働きかけの具体化である。サーバント・リーダーシップとは実践哲学であるため，実際に何を実践するかは人それぞれである。とはいえ，あまりに抽象的すぎるゆえに理想論に終始してしまう危険性がある。今後，サーバント・リーダーシップに基づく具体的な働きかけを明確にすることで，さらに多くの現場に浸透することが期待される。

　2つ目は，サーバント・リーダーの育成である。サーバント・リーダーシップに関して現場の方からよくサーバント・リーダーはもともと高い倫理と謙虚さを兼ね備えている一部の人に限られたあり方ではないかと尋ねられる。実際

にはそうではない。サーバント・リーダーシップに関わる考え方や理念を知る
だけでも，自身のリーダーとしての振る舞い方は少なからず影響を受ける。

　Day（2000）は，リーダーシップ開発とリーダー開発を区別している。リー
ダー開発とは，リーダーが備えるべき特性や資質を開発することである。他方，
リーダーシップ開発とは，リーダーとしてメンバーに関わるスキルや行動など
の影響プロセスの開発を意味する。今後，サーバント・リーダーに求められる
特性や資質と同時に，メンバーに対する関わり方についても体系的な知識とプ
ログラムが整備されることを期待する。

引用文献

Bandura, A. (1977). *Social learning theory.* Englewood Cliffs, NJ: Prentice-Hall.

Barbuto, J. E., Jr., & Wheeler, D. W. (2006). Scale development and construct clarification of servant leadership. *Group & Organization Management, 31,* 300-326.

Bass, B. M. (1985). *Leadership and performance beyond expectations.* New York: Free Press.

Bass, B. M., & Bass, R. (2008). *The Bass handbook of leadership: Theory, research, and managerial applications* (4th ed.). New York: Free Press.

Blau, P. M. (1964). *Exchange and power in social life.* New York: John Wiley.

Burns, J. M. (1978). *Leadership.* New York: Harper & Row.

Chiniara, M., & Bentein, K. (2015). Linking servant leadership to individual performance: Differentiating the mediating role of autonomy, competence and relatedness need satisfaction. *Leadership Quarterly, 27,* 124-141.

Dansereau, F., Graen, G., & Haga, W. (1975). A vertical dyad approach to leadership within formal organizations. *Organizational Behavior and Human Decision Process, 41,* 65-82.

Day, D. V. (2000). Leadership development: A review in context. *Leadership Quarterly, 11,* 581-613.

Dennis, R. S., & Bocarnea, M. (2005). Development of the servant leadership assessment instrument. *Leadership and Organization Development Journal, 26,* 600-615.

Dinh, J. E., Lord, R. G., Gardner, W., Meuser, J. D., Liden, R. C., & Hu, J. (2014). Leadership theory and research in the new millennium: Current theoretical trends and changing perspectives. *Leadership Quarterly, 25,* 36-62.

Edmondson, A. (1999). Psychological safety and learning behavior in work teams. *Administrative Science Quarterly, 44,* 350-383.

Ehrhart, M. G.（2004）. Leadership and procedural justice climate as antecedents of unit-level organizational citizenship behavior. *Personnel Psychology, 57*, 61-95.

古川 久敬（1990）. 構造こわし―組織変革の心理学―　誠信書房

古川 久敬（2003）. 新版基軸づくり　日本能率協会マネジメントセンター

Graham, J. W.（1991）. Servant-leadership in organizations: Inspirational and moral. *Leadership Quarterly, 2*, 105-119.

Greenleaf R. K.（1970）. *The servant as leader.* Indianapolis, IN: Greenleaf Center.

Hunter, E. M., Neubert, M. J., Perry, S. J., Witt, L. A., Penney, L. M., & Weinberger, E.（2013）. Servant leaders inspire servant followers: Antecedents and outcomes for employees and the organization. *Leadership Quarterly, 24*, 316-331.

池田 浩（2015）. サーバント・リーダーシップが職場をアクティブにする　島津 明人（編）職場のポジティブメンタルヘルス―現場で活かせる最新理論―（pp.85-93）　誠信書房

池田 浩・黒川 光流（2014）. サーバント・リーダーシップの波及効果と職場活性化　産業・組織心理学会第 30 回大会発表論文集, 175-178.

池田 浩・山口 裕幸・古川 久敬（2003）. 組織成員の変革へのレディネスと管理者の変革型および交流型リーダーシップとの関係性　産業・組織心理学研究, *17*, 15-23.

金井 壽宏（1991）. 変革型ミドルの探求　白桃書房

Kotter, J. P.（1999）. *On what leaders really do.* Boston, MA: Harvard Business School Press.（黒田 由紀子（監訳）（1999）. リーダーシップ論―いま何をすべきか―　ダイヤモンド社）

Lewin, K., & Lippitt, R.（1938）. An experimental approach to the study of democracy and autocracy: A preliminary note. *Sociometry, 1*, 292-300.

Liden, R. C., Wayne, S. J., Liao, C., & Meuser, J. D.（2014）. Servant leadership and serving culture: Influence on individual and unit performance. *Academy of Management Journal, 57*（5）, 1434-1452.

Liden, R. C., Wayne, S. J., Meuser, J. D., Hu, J., Wu, J., & Liao, C.（2015）. Servant leadership: Validation of a short form of the SL-28. *Leadership Quarterly, 26*, 254-269.

Liden, R. C., Wayne, S. J., Zhao, H., & Henderson, D.（2008）. Servant leadership: Development of a multidimensional measure and multi-level assessment. *Leadership Quarterly, 19*, 161-177.

Mayer, D. M., Bardes, M., & Piccolo, R. F.（2008）. Do servant-leaders help satisfy follower needs? *European Journal of Work and Organizational Psychology, 17*, 180-197.

McAllister, D. J.（1995）. Affect-based and cognition-based trust as foundations for interpersonal cooperation in organizations. *Academy of Management Journal, 38*, 24-59.

Northouse P. (2010). *Leadership theory and practice*. Thousand Oaks, CA: Sage.

Ryan, R. M., & Deci, E. L. (2000). Self-determination theory and the facilitation of intrinsic motivation, social development, and well-being. *American Psychologist, 55*, 68-78.

Schaubroeck, J., Lam, S. S. K., & Peng, A. C. (2011). Cognition-based and affect-based trust as mediators of leader behavior influences on team performance. *The Journal of Applied Psychology, 96*, 863-871.

Sendjaya, S., Sarros, J. C., & Santora, J. C. (2008). Defining and measuring servant leadership behaviour in organizations. *Journal of Management Studies, 45*, 402-424.

Spears, L. C. (1995). *Reflections on leadership: How Robert K. Greenleaf's theory of servant-leadership influenced today's top management thinkers*. New York: John Wiley.

Spears, L. C., & Lawrence, M. (2002). *Focus on leadership: Servant-Leadership for the twenty-first century*. New York: John Wiley.

Tichy, N. M., & Devanna, M. A. (1986). *The transformational leader*. New York: John Wiley. (小林 薫 (訳) (1988). 現状変革型リーダー――変化・イノヴェーション・企業家精神への挑戦― ダイヤモンド社)

van Dierendonck, D., & Nuijten, I. (2011). The servant-leadership survey (SLS): Development and validation of a multidimensional measure. *Journal of Business and Psychology, 26*, 249-267.

van Dierendonck, D., Stam, D. A., Boersma, P., de Windt, N., & Alkema, J. (2014). Same difference? Exploring the differential mechanisms linking servant leadership and transformational leadership to follower outcomes. *Leadership Quarterly, 25*, 544-562.

Walumbwa, F. O., Hartnell, C. A., & Oke, A. (2010). Servant leadership, procedural justice climate, service climate, employee attitudes, and organizational citizenship behavior: A cross level investigation. *Journal of Applied Psychology, 95*, 517-529.

Yukl, G. (2012). *Leadership in organizations*. Upper Saddle River, NJ: Prentice-Hall.

⑥ 共有されるリーダーシップ

高口　央

1. リーダーシップの構造的側面への関心

　前書，パースペクティブⅠの序章においても，近年のリーダーシップ研究の注目すべき特徴として挙げられていたように，リーダーシップの構造的側面に着目した研究が行われている。欧米でのリーダーシップ研究において，近年の社会状況を踏まえ，変革型リーダーシップに着目した検討が隆盛していることとも合致し，複雑化した社会環境の中で，組織・集団を効率的に運営するリーダーシップ過程への関心が高まっていることが，この研究動向の背景にあると思われる。

　構造的側面に着目した研究としては，集合的（collective）リーダーシップ，分担型（distributed）リーダーシップ，あるいは，共有（shared）リーダーシップといったキーワードを列挙することができよう。これらの視点から，リーダーシップ過程の解明に取り組んだ研究が，近年，増加している。本章では，2015年までの論文を中心に，こういった構造的側面からのリーダーシップ過程の研究動向を概観し，今後の研究へのパースペクティブを提供したい。

　直近の構造的側面に着目した研究で多く引用されている Carson, Tesluk, & Marrone（2007）は，メンバー間で共有されるリーダーシップの重要性を，初期のリーダーシップ研究者も主張していたと指摘している。ただし，たとえば Liu, Hu, Li, Wang, & Lin（2014）は，今日までのリーダーシップに関する先行研究では，公式に任命されたリーダー，あるいは垂直的なリーダーの役割に焦点が当てられてきた一方で，共有リーダーシップのようなリーダーシップの重要

な形態には注意が向けられていなかったと指摘している。同様に，石川（2013）も，リーダーシップ研究の多くが1人のリーダーだけに焦点を当ててきたと指摘しており，多くの研究者が類似の指摘をしている。

　Friedrich, Vessey, Schuelke, Ruark, & Mumford（2009）は，これまで，リーダーシップ研究の多くのアプローチは，チーム内のリーダーシップ役割のあらゆる側面が単独の個人によって体現されることを仮定してきたが，現実世界において，リーダーシップが個人レベルのみで実行されることは希であり，むしろ，リーダーシップと分類される行動的役割は，複数の個人に担われるように，より複雑で，動的な過程であり，スキルと専門知識をもつ個人の選択的で動的な出現は所与の状況に最も適切であると述べている。また，石川（2013）は，同様の指摘をしたうえで，さらに，リーダーシップ過程の文脈で，ときには，メンバーがリーダーに影響を及ぼすことさえあるとも指摘している。

　日本において，現在も，さまざまな業態で企業の連携がなされていることからも，組織の構造の変化や，日常業務の多様化に対応するための方策の提案が待たれている。すなわち，新たなリーダーシップ機能からのアプローチや構造的側面からのアプローチによる検討の必要性が高いことは明らかである。

　また，石川（2013）や Lee, Lee, Seo, & Choi（2015）を含め多くの研究者は，Yukl（2002）に倣いリーダーシップをチームの目的達成に向けてフォロワーに影響力を及ぼすプロセスとする定義を受け入れており，その実行者をリーダー1人に限定していない。リーダーシップは，集団目標の達成に向けたメンバー間の相互影響過程である。その意味では，全メンバーが，リーダーシップの責任の一部を有しており，すなわち，リーダーシップを発揮する。つまり，メンバーはリーダーであり，同時にフォロワーである（e.g., Carson et al., 2007; Liu et al., 2014）。よって，リーダーシップの構造的側面に着目し，リーダーシップの発揮者を公式リーダー1人に限定しない，リーダーシップ過程の効用を検討する研究への関心は強く，その意義は大きいと考えられる。

2.　共有されるリーダーシップの測定法

　ここまで述べてきたように，集団・チーム内にリーダーシップ行動，あるいはその機能や役割が共有されることの有用性を検討した研究が行われてきている。

　集合的（collective）リーダーシップ，分担型（distributed）リーダーシップ，あるいは，共有（shared）リーダーシップとして表現されているが，それぞれの概念は，その測定法にも依拠して，整理することが可能である。

　Carson et al.（2007）は，先行研究をレビューし，共有リーダーシップの定義と，各研究で用いられた測定尺度について，表 6-1 のようにまとめている。この表 6-1 に集約されているように，これまでの研究では，変革型リーダーシップの測定尺度を援用した測定が多くなされていること，チームレベルでの集計がなされていることが確認できる。ただし，共有リーダーシップの測定方法は，必ずしも 1 つの方法に集約されているとは言い難い。

　実際，共有リーダーシップを測定する方法は複数あり，それぞれに賛否両論があると，Wang, Waldamn, & Zhang（2014）は指摘し，3 つの測定方法を挙げ，次のように説明している。1 つは，たとえば MLQ から伝統的なリーダーシップ項目を修正して用い，チーム全体としての影響に焦点を当て，全メンバーが全体の影響としてチームを評価する測定法である。2 つ目の方法は，各メンバーの役割を重視するものであり，たとえば，ネットワーク密度に沿うもので，それぞれの仲間を評価するようメンバーに依頼し，それから，チームレベルでメンバーの得点の平均を算出し，メンバー間のリーダーシップの合計，あるいは平均を検討するものである。3 つ目は，共有リーダーシップが自己評価され，その得点がチームレベルで平均化されるものである。なお，Wang et al.（2014）は，共有リーダーシップのこの 3 つの測定方法について，メタ分析を行い，共有リーダーシップとチーム効果性との関係は 3 つの測定対象の 95%信頼区間がお互いに重複していることを確認し，共有リーダーシップとチーム効果性との関係が対象間で異ならなかったとも報告している。

　一方，石川（2013）も，共有リーダーシップの測定方法は，TMLQ（Team

表6-1　共有リーダーシップの定義と尺度 (Carson et al., 2007)

研究	定義 (definition)	尺度 (measure)	従属変数 (dependent variable)
Avolio, Jung, Murry, & Sivasubramaniam (1996)	明確な定義は提供されていないが，共有リーダーシップは高く成熟したチームでの集団レベルで表される変革型リーダーシップとして本質的にみなされている	Team Multifactor Leadership Questionnaire (TMLQ-Form 5X) がチームレベルで集計された	自己評価 (学生のプロジェクトチームの効果性)
Pearce & Sims (2002)	チーム内で分担された影響力 仲間との横の影響力	5つのリーダーシップ戦略に関する行動的尺度に関する評価（チームレベルで集計） 「嫌悪 (aversive)，指示 (directive)，交流，変革，および権限委譲 (empowering)」	7つの効果性次元に関する自己評価と管理者評価 (自動車の変化管理チーム)
Sivasubramaniam, Murry, Avolio, & Jung (2002)	チーム内のメンバー相互の集合的影響力 集団のメンバーが，集団の内外で一人の個人と対照的に集団の影響力を評価する程度	Team Multifactor Leadership Questionnaire (TMLQ-Form 5X) がチームレベルで集計された	チームの潜在性 (team potency; time 1 と time 2 の自己評価) と指導者によって評価されたチームの順位 (学生のプロジェクトチームの効果性)
Pearce & Conger (2003)	集団，あるいは組織の目標，またはその双方の目標の達成に他者を導く目的での集団内での個人間の動的で双方向的な影響過程 リーダーシップは，管理者の役割に就く単独の個人に集中する代わりに，個人たちの間で広く分担される。	適用無し	適用無し
Pearce, Yoo, & Alavi (2004)	公式リーダーと非公式リーダーの連続的な出現により特徴づけられるチーム内での同時で，持続的で，相互的な影響過程	4つのリーダーシップ戦略に関する行動的尺度への評価（チームレベルで集計） 「指示，交流，変革，および権限委譲」	問題解決の質と効果性に関する自己評価 (学生ソーシャルワーカーの仮想チーム)
Ensley, Hmieleski, & Pearce (2006)	リーダーシップは，一人の指名された個人によって単独でというよりも，全体としてチームによって実行されるチームプロセス	4つのリーダーシップ戦略に関する行動的尺度への評価（チームレベルで集計） 「指示，交流，変革，および権限委譲」	会社の収益成長の平均と従業員の成長率からなる新たなベンチャーの成長指標 (新ベンチャーの TMTs)
Mehra, Smith, Dixon, & Robertson (2006)	数名のリーダー（公式に指名された，あるいは出現した）が存在し得るような共有された，分担された現象	リーダーシップネットワークダイアグラムの視覚的分析に基づく質的コード化	チームサイズで割ったチームの営業成績 (金融サービス営業チーム)

Multifactor Leadership Questionnaire）を用いてリーダーシップの各メンバー
による発揮に関する回答を平均化する方法と，社会的ネットワークアプローチ
による密度という観点からの方法の2つに分かれると述べている。前者の方法
は，Wang et al.（2014）の1つ目と3つ目，後者は2つ目の測定方法と対応す
ると思われる。

　石川（2013）によれば，Avolio, Jung, Murry, & Sivasubramaniam（1996）
は，TMLQ（Team Multifactor Leadership Questionnaire）を用い，変革型お
よび交流型リーダーシップについて，チーム全体としてどの程度発揮している
のかを各チームメンバーに質問し，回答の平均値を各リーダーシップが共有さ
れている度合いの指標とした検討を行っている。

　だが，Carson et al.（2007）は，共有リーダーシップに関する先行研究は，リ
ーダーシップの責任が共有される程度，あるいはある行動がチーム内で示され
る程度に関するメンバーの評価を集約する手続きに頼ることで，チームでの共
有された影響のパターンの関係的な本質（たとえば，チームのライフスタイル
にあわせ異なるメンバーがリーダーシップを提供するような時系列的なリーダ
ーシップの移行）を捉えることに失敗してきたと指摘している。そのうえで，
Carson et al.（2007）は，共有リーダーシップの出現と関係的な本質の概念を
前進させる社会的ネットワークに基づく測定アプローチの利点を主張している。

　具体的には，社会的ネットワークアプローチを用いた検討では，チームメン
バーが各同僚を「あなたのチームは，リーダーシップに関してその人にどの程
度頼っていますか？」の質問で評価し，そのすべての値の合計を，メンバー間
で可能な2者関係の全数で割った得点を算出し，共有リーダーシップが測定さ
れている（e.g., Liu et al., 2014; Zhou, Vredenburgh, & Rogoff, 2015）。

　たとえば，社会的ネットワークアプローチを用いた検討として，Fransen,
Van Puyenbroeck, Loughead, Vanbeselaere, De Cuyper, Broek, & Boen（2015）
は，チームの全選手の名前をリストアップしてマトリックスを作成し，コー
チ（公式リーダー）を含め，全選手のリーダーシップ評価を集計し，全メンバ
ーについて評価得点を算出し，メンバー間相互の評価関係を図示したうえで各
スポーツチーム内でのリーダーシップの分担の様態を把握している。その結果，
575名の選手を含む40以上の多様な種別のスポーツチームを扱った社会的ネ

ットワーク分析で，選手リーダーは，コーチよりも，動機的リーダー，社会的
リーダーとして知覚されたことに加え，チームのキャプテンと非公式な選手リ
ーダーの両方が，異なるリーダーシップ役割を共有していたことを見出してい
る。なお，動機的リーダーとはフィールド上でチームメンバーを励まし意欲を
引き出す人物であり，社会的リーダーとはフィールド外でのチームメンバー間
の関係を良好にするために機能する人物であるとされている。さらに，彼らは，
社会的ネットワーク分析は，知見が蓄積されてきた企業等の組織とは異なるス
ポーツチーム内でのリーダーシップ構造への深い洞察を得るために，価値ある
ツールであると提唱している。

　また，Rydenfalt, Johasson, Odenrick, Akerman, & Larsson（2015）は，手術
室の様子をビデオ録画し，観察法により，外科医，麻酔科医，麻酔専門看護師，
手術室看護師といった外科手術の参加者にリーダーシップ行動が分担されてい
たことを見出している。

　だが，Grille & Kauffeld（2015）は，ネットワークアプローチは組織での相
互作用過程を正確に査定するが，それは複雑であり時間のかかるものであるた
め，実際の適用は限定されることに加えて，リーダーであると知覚される人物
を測定することは，共有リーダーシップ行動のタイプについての情報を提供し
ないと，その短所についても言及している。

　このような指摘があるものの，石川（2013）は，密度による共有リーダーシ
ップの測定が，リーダーシップの発揮そのものに焦点を当てているため，既存
のリーダーシップスタイルにあてはまらないリーダーシップを測定できないと
いった問題を回避でき，有用であると指摘している。

　Grille & Kauffeld（2015）は，Ensley らによる研究などを挙げ，一部の研究
者は，共有リーダーシップを測定するために，既存の垂直的リーダーシップ尺
度のワーディングを変えて用いてきたが，妥当性に関する研究は実行されて
いないと指摘している。そのうえで，Grille & Kauffeld（2015）は，共有リー
ダーシップ行動を測定するための信頼性，妥当性のある尺度の欠落が実証的
研究を制限していると指摘し，課題志向，関係志向，変化志向，および最小
支配（micropolitic）志向からなる測定尺度（Shared Professional Leadership
Inventory For Teams; SPLIT）を開発し提示している（表6-2）。課題志向，関

表 6-2　チームのための共有リーダーシップ尺度（SPLIT; Shared Professional Leadership Inventory for Teams）(Grille & Kauffeld, 2015)

課題志向リーダーシップ（task leadership orientation）

　1）チームとして，私たちは課題をはっきりと割り当てる

　2）チームとして，私たちは私たちの期待をはっきりとコミュニケーションする

　3）チームとして，私たちは仕事に関連する情報をお互いに提供する

　4）チームとして，私たちはみんながそれらの課題を知ることを確実にする

　5）チームとして，私たちは目標達成を監視する

関係志向リーダーシップ（relation leadership orientation）

　1）チームとして，私たちはお互いの関心に注意を向ける十分な時間を過ごす

　2）チームとして，私たちは良い成績を認める

　3）私たちはチームの凝集性を促進する

　4）私たちはチーム内で抱えた葛藤においてお互いをサポートする

　5）チームとして，私たちはお互いを決して見捨てない

変化志向リーダーシップ（change leadrship orientation）

　1）私たちは，自分たちのチームで継続中の過程を正しく理解するためにお互いに助け合う

　2）チームとして，過去の出来事から学ぶためにお互いに助け合う

　3）チームとして，私たちは最新の会社の出来事を正しく理解するためにお互いに助け合う

　4）チームとして，私たちは提案のためにお互いに刺激し合う

　5）チームとして，私たちは提案の実現のためにお互いにサポートする

最小支配志向リーダーシップ（micropolitical leadership orientation）

　1）私たちのチームの仕事をサポートするために，私たちはネットワークを使う

　2）私たちのチームが課題を達成するために必要な資源をサポートされるように，私たちは保証する

　3）チームとして，私たちは人脈を利用するためにお互いに支援する

　4）私たちのチームにとって価値のある重要な専門家との接触を，私たちは確立する

　5）チームとして，私たちはチーム内部の問題に外部の援助を受け入れる

係志向，変化志向といったリーダーシップが従来のリーダーシップ研究で見出されてきたものであるが，最小支配（micropolitic）志向のリーダーシップは，近年注目を集め始めた付加的なカテゴリーであると Grille & Kauffeld（2015）は主張し，それを含めた共有リーダーシップの尺度の作成を企図している。

　Grille & Kauffeld（2015）は，SPLIT が，抽象的なリーダーシップ特徴に注目するリーダーシップアプローチとは異なり，観察可能な行動に注目して項目

が作成されており，リーダーシップ行動を開発する訓練プログラムに利用可能な尺度であると主張している。先行研究で使用された尺度とも関連することを確認できたため，収束妥当性があるものであり，権力が組織の1人に集中している中央集権化尺度や自律性尺度，および主観的チーム成績評価との関連から基準関連妥当性もあるものとして報告されている。ただし，個人の回答に基づく検討であり，集団・チームレベルでの検証が必要であるとも，述べている。

　ここまで述べてきたように，共有リーダーシップを中心とした構造的な側面からリーダーシップ過程を検討する近年の研究では，石川（2013）も指摘しているが，機能面に着目してリーダーシップ過程を捉えようとするものと，発揮の様態に着目してリーダーシップ過程を理解しようとするものがあると言えそうである。測定方法に関して，このような2つの方向性があることを押さえたうえで，改めて共有リーダーシップ，あるいは集合的リーダーシップと呼ばれるリーダーシップの発揮様態について整理したい。

3. 「分担」と「共有」の違い

　Fransen et al.（2015）は，チームリーダーシップに関する研究の多くが単独のチームリーダーの影響力や行動に綿密な注意を向けてきたが，チームメンバーによって提供されるリーダーシップは無視されてきたと指摘している。ただし，過去数十年に限って，共有リーダーシップの概念が組織状況に導入され，指名されたチームリーダーからのみではなく，チームのメンバーから生じるようなリーダーシップとして定義されたとも述べている。

　また，Lee et al.（2015）は，環境が複雑性や曖昧さをもつため，単独リーダーでは必要とされるすべてのリーダーシップ機能を十分に実行できず，水平的で内的なチームリーダーシップの形態として，共有リーダーシップがチームの創造性に貢献すると指摘している。ただし，Friedrich et al.（2009）は，もしメンバーたちに違いがなければ，リーダーシップ役割の異なる側面を引き受け可能な個人が存在しないこととなるため，同質ではない異質なメンバーがいることが，リーダーシップが共有されることに重要なポイントとなると指摘している。

　以上のような指摘もあるように，仕事が複雑であるほど，チームの効果性を
高めるために共有リーダーシップが必要とされる（e.g., Wang et al., 2014; Liu
et al., 2014）。また，複数のリーダーが有効であるためには，知識・スキルの
多様さが必要であり，補完的な構造が成立することが重要であると考えられる。
Friedrich et al.（2009）は，組織・集団内に多様なスキルや専門知識を有する
メンバーが存在し，その多様なスキルや専門知識が必要とされる場合に，リー
ダーシップが共有されることが効果的となると説明している。つまり，融通が
きかずつまらない（複雑ではない）課題は，共有リーダーシップを必要とせず，
無関係である（Wang et al., 2014）。

　Friedrich et al.（2009）によれば，集合，分担，および共有リーダーシップ
の多くの定義は，権限委譲，委任（delegation），あるいは，より一般的には責
任の共有に関連する。多くの研究において，集合的リーダーシップ，分担型リ
ーダーシップ，および共有リーダーシップは，この Friedrich et al.（2009）の
説明に見られるように，同一概念として定義されないまでも，関連性の高いも
のとして総論的に論じられることが多い。ここでは，共有リーダーシップに着
目してその定義を整理したい。

　Carson et al.（2007）は，共有リーダーシップに関して，メンバーはチーム
機能のある側面でリーダーシップを提供し，また，異なる領域で他のメンバ
ーによって提供されるリーダーシップに反応するというような方法で，チー
ムメンバーはお互いに導き，また，従うと説明している。一方，Friedrich et
al.（2009）は，集合的（collective）リーダーシップの定義は，明確なリーダー，
あるいは，一組のリーダーたちが選択的にネットワーク内のスキルや専門知識
を利用するような"動的"なリーダーシップ過程であり，目前の問題や状況
に対してリーダーシップ役割の要素を効果的に分配することであるとしている。
また，共有リーダーシップは，リーダーシップの源（たとえば，メンバー）の
数に基づく連続性に沿って概念化され得ると，Carson et al.（2007）は述べて
いる。すなわち，リーダーシップの源が多ければ，チームの状況の変化ととも
に必要とされる異なるリーダーシップを提供可能な異なるメンバーが多いこと
を意味し，リーダーシップの連続性は高く，共有リーダーシップのレベルが高
いと言える。

　Friedrich et al.（2009）は，先行研究をレビューし，リーダーシップが集団内で共有される現象について，次のようにも説明している。分担型リーダーシップや共有リーダーシップに関する研究は，役割行動が明確に分担されるか，完全に共有される固定的な条件についてのアプローチをとる。しかしながら，現実には，定義された立場よりも影響過程として，リーダーシップの共有が，欲求の要請として生じる，より動的なものであるように思われる。リーダーシップ役割を共有する2人以上の定義されたリーダーたちというよりも，関連するスキルや専門知識をもつ人物が時間経過とともに現れるモグラたたきのゲームのようなものである。また，Liu et al.（2014）は，先行研究を踏まえ，共有リーダーシップは，複数のチームメンバー間にリーダーシップ影響力が分配されることでもたらされる創発的なリーダーシップスタイルであると説明している。

　すなわち，共有リーダーシップはリーダーに限らず，複数のメンバーによってリーダーシップが発揮される構造的な様相を指すと言える。また，ここまで紹介した共有リーダーシップに関する説明において，"動的"な過程であると言及されていることに注目したい。前節の測定法の2つの方向性を踏まえても，構造的な様相の検討においても，2つの観点があることが指摘できる。1つは，一部の固定的なメンバーを想定し，リーダーシップ機能が分担されることによる複数のメンバーのリーダーシップの発揮構造に着目するものであり，他方は，リーダー単独ではなく，メンバーを含めたリーダーシップ発揮の共有という"動的"な構造に着目するものである。特に後者は，リーダーシップの発揮者を一時点で捉えないが故に，固定的ではなく，動的に，実質的な発揮者が入れ替わることも想定した，Friedrich et al.（2009）がモグラたたきのゲームのようなものとたとえたものである。具体的には，Aという人物がある領域，ある時点ではリーダーシップのある側面を発揮するリーダーの1人となるが，別の領域，別の時点では，フォロワーとしてリーダーシップの影響を受ける側となり，その影響を及ぼすリーダーシップの発揮者には別の人物Bが出現していることとなる。こう考えることは，Friedrich et al.（2009）による，集合的なリーダーシップがメンバー間で流動的に共有されることをロジスティック（logistic）という表現も用いながら説明し，固定的なものではないとする指摘とも合致するだろう。また，このように動的な構造としてリーダーシップ過程を捉えた場

合，リーダーシップを機能的な役割の分担として捉えることには大きな困難が生じると考えられる。必ずしも一部のメンバーによってリーダーシップ機能・役割が固定的に分業されていると想定することが，継続的で，動的な過程として捉えることを反映しないと思われるからである。

　すなわち，単独のリーダーによるリーダーシップの発揮にこだわらず，複数のメンバーによるリーダーシップが発揮される構造的な様態が集合的リーダーシップとして論じられている現状では，明確に，この 2 つの形態を区分したうえで，検討が精緻に行われているとは言い難い。だが，石川（2013）は，リーダーシップの機能・役割が，一部のメンバーに固定的に分担されている状態を想定する分担型リーダーシップと，メンバーのそれぞれがリーダーシップを発揮する可能性がある，リーダーを含むチームメンバーそれぞれがリーダーシップを双方向的に発揮している状態を想定する共有リーダーシップとは異なるというように整理している。つまり，ある課題についてのリーダーシップ機能の最適な役割分担は分担型リーダーシップとして検討され，複数の課題に取り組む継続的で動的な観点からリーダーシップ機能がメンバーたちによって発揮されているか否かは共有リーダーシップとして検討されていると言えるだろう。よって，分担型と共有型という 2 つの発揮様態を，測定方法も含めて整理し，今後，検討していくことが必要であろう。

　また，共有リーダーシップは作業成績や成果といった結果に影響するだけでなく，メンバー間の相互作用過程に媒介されるといった，共有リーダーシップのメカニズムへの指摘もある。Liu et al.（2014）は，リーダーシップの分担は，他のメンバーに対して各メンバー自身を表出する機会を供給しチームワークの醸成に貢献するとともに，リーダーシップの責任を共有することで，仕事にコミットメントすることを助けると同時にメンバー間の信頼関係を構築するとも主張している。チーム内でリーダーシップの責任を共有する過程や情報を交換する過程を通して，共有リーダーシップは，チームメンバーの行動やメンバーの結果に直接的に影響するとも指摘されている（Carson et al., 2007; Liu et al., 2014）。このような指摘からも，共有リーダーシップ，あるいは分担型リーダーシップに関するさらなる検討が必要なことは明らかである。

4.　共有されたリーダーシップに関する知見

　リーダーシップ発揮の構造的な側面に着目すると，どのような検討が行われているだろうか。複数の検討を概観すると，その検討の方向性の特徴的なものとして2つがあるように思われる。1つは，共有リーダーシップに関する先述したような定義に基づくものである。具体的には，多様なスキルや専門知識が必要とされるといった指摘に応えるような共有リーダーシップという構造的側面が実際にどのような場面で有効なのかを検討するものである。もう1つは，共有リーダーシップという構造的様態がどのようなメカニズムで集団に影響するのかを明らかにしようとするものである。

　前者にあたる研究として，共有過程の影響を調整する要因に着目した検討が，次のように報告されている。Zhou et al.（2015）は，516名の企業家（entrepreneur）で構成されたチームのうち144チームからデータを得て，営業，金融，R&Dといった業態的特殊性（functional specialty），教育の主専攻の特殊性（educational specialty），教育レベル（educational level），および，生産設計，生産分析，組織設計といった経営技術（managerial skills）の4つの面について，チームメンバーのダイバーシティを算出し，共有リーダーシップと作業成績との関連を検討している。その結果，経営技術のダイバーシティと作業成績との関係を共有リーダーシップが調整することを見出し，リーダーシップがメンバー間で共有された場合に，経営技術のダイバーシティがチームの作業成績を向上させたと報告している。また，同時に検討された，教育レベルの差と，教育の主専攻のダイバーシティは，チームの作業成績において主要な役割を果たさなかったことも示されている。

　同様に，Lee et al.（2015）は，課題変化の高さや課題の分析可能性の低さといった課題の複雑性に関する知覚が高い場合に，チームメンバーは他のメンバーのリーダーシップに相互に依存する，すなわち，共有リーダーシップを通した相互作用メカニズムは知識共有にポジティブに関連すると予測している。ただし，検討の結果，共有リーダーシップが知識共有とポジティブな関連を示すことが確認されたものの，複雑性が高い場合のみにその関連が強められるとい

った結果は確認されず，サンプルが学生であったこと，横断的なデザインでの検討であったことを指摘し，改善した検討を行うことが必要であると述べている。

これらの検討は，先述したように，複雑な課題の場合に共有リーダーシップが必要とされる（e.g., Friedrich et al., 2009; Liu et al., 2014; Wang et al., 2014）ことを裏付けるものと言えよう。このように共有リーダーシップの効果性を調整する要因に関する知見が蓄積されてきているが，後述するように，継続的により詳細な検討が必要である。

他方，Liu et al.（2014）は，共有リーダーシップがチームメンバー個人の行動形成に果たす役割と，その条件が何かといったメカニズムに関しては明らかにされていないと指摘している。

ただし，そのメカニズムを明らかにしようとする検討もある。たとえば，Liu et al.（2014）は，共有リーダーシップが結果変数に影響するメカニズムに関して，社会的学習理論に基づき，次の検討を実施している。共有リーダーシップはチーム内での心理的安全（リスクテーキングに不安を感じるかに関するチーム内でのメンバー間で共有された信念）の形成を促進し，この心理的安全は，チーム内のポジティブな学習環境を創造し，新たな知識や技術を学習し獲得するようチームメンバーを導く。すなわち，共有リーダーシップが，心理的安全を媒介して，メンバーの学習行動を規定すると示唆している（図 6-1）。

また，Houghton, Pearce, Manz, Courtright, & Stewart（2015）による検討もある。彼らは，ときに組織は，収益性と競争力の近視的な追求において合理化された規則と目的に支配されており，そのような文脈において，意義や目的，

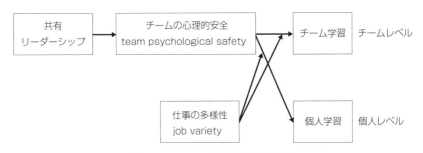

図 6-1　Liu et al.（2014）の仮説モデル

　自己効力，あるいは尊厳のための機会をもつ余裕をメンバーがなくすような方法で，トップダウンの組織化がなされることを指摘している。このため，彼らは，心理的情動的な苦痛を引き起こす組織の日常的な側面を未然に防ぐようなメンバーの間のお互いの利益に気を配るポジティブな関係に注目するという観点から，社会的アイデンティティ理論と社会的交換理論に基づく，共有リーダ

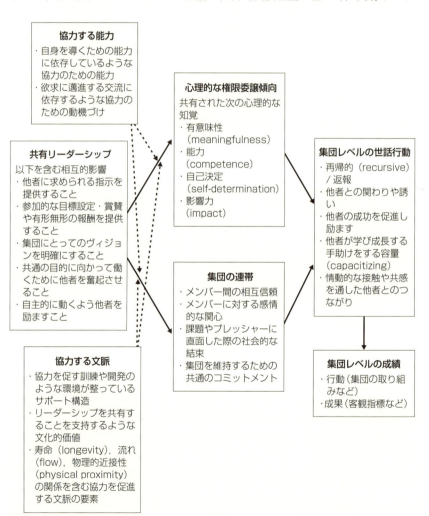

図 6-2　集団レベルの世話行動（caring）における共有リーダーシップの効果 (Houghton et al., 2015)

ーシップの効果を説明するモデルを提唱している。彼らは，集団への同一視が
個人の自己イメージの基礎となりえ，それに基づき，メンバーが個性を放棄す
ることを共有された集団アイデンティティが補うという社会的交換過程を含む
ものとして社会的アイデンティティ理論を捉えている。また，他者の行動的な
投資を認め，報いることを仮定する互恵性の規範に基づく社会的交換過程を説
明するものとして社会的交換理論を引用している。これら2つの理論を基礎と
して，彼らは図6-2に示すように，共有リーダーシップが権限委譲傾向と集団
の連帯を介して，集団レベルの世話行動（caring）を規定し，その結果として，
集団の成績を向上させるというモデルを提唱している。

　これら Liu et al.（2014）と Houghton et al.（2015）の研究で媒介要因として
扱われている概念は異なるものの，共通する視点があるように考えられる。す
なわち，共有リーダーシップはリーダーシップの責任を全メンバーが共有する
（Friedrich et al., 2009）ことを前提としており，そのための信頼関係を成り立
たせるものが結果変数と共有リーダーシップとの関係を媒介するものとして検
討されている。

5.　まとめとパースペクティブ

　リーダーシップの構造的側面に関する研究は複数存在するが，その検討は継
続されている。未だこの領域の検討は発展の途上にあり，魅力的な検討の余地
が多く残されている。具体的には，2つの研究の方向性があるのではないかと
考える。まず，これまでに蓄積されてきた構造的側面に関する知見を応用して，
そのメカニズムを検討するために媒介要因や調整要因について，さらに詳細に
検討していくという方向である。これに加え，これまで多くの知見が蓄積され
ている垂直的リーダーシップと組み合わせた複合的な視点での検討である。特
に後者は重要で魅力的な方向性であるように思われる。

　たとえば，Wang et al.（2014）は，リーダーの役割の分担は，先行研究で
検討されていないため，1つの潜在的な研究テーマであることを指摘している。
具体的には，分担型リーダーシップの観点から，チーム内でのリーダー役割の
最適な構成が存在するかを検討することである。

　また，Liu et al.（2014）は，中国では孔子の価値観が深く根付いており，部下は上司に従い尊敬するという文化的価値観を有していることに着目し，西洋諸国に由来し発展してきた共有リーダーシップが中国のメンバー間で受け入れられるかという視点からの検討を行っている。そして，共有リーダーシップ現象は，西洋と東洋の社会で機能が有意に異なることはなく，文化的に束縛されないという仮説を導き，支持する結果を得ている。

　一方，Mathieu, Kukenberger, D'Innocenzo, & Reilly（2015）は，ビジネスシミュレーションに参加する 205 名で構成された 57 の学生チームの縦断的なデータを用いて検討した結果，共有リーダーシップは凝集性とポジティブに関連したが，作業成績に直接には関連しなかったと報告している。このような報告もあるように，共有リーダーシップの影響過程については，未だ解明できていない部分がある。

　Wang et al.（2014）は，共有リーダーシップが特に重要であるような条件を確定する研究が必要であると提案している。現代の組織において，異なる背景をもつ多くの労働者がともに働いており，ダイバーシティは研究者たちが無視できない重要なものとなっていると，Lee et al.（2015）は述べている。Wang et al.（2014）は，先行研究も踏まえ，複雑性の高い仕事は，チームメンバーに相互依存の活動と情報を共有することを強く要求し，高い知識を必要とするものであると定義している。さらに石川（2013）は，不確実性が高い場合には，1人のリーダーがチームメンバーに対して及ぼす影響に限界があるため，1人のリーダーだけでなく，他のメンバーもそれぞれリーダーシップを発揮しているようなチーム状態をつくっていく必要があると提案している。

　このような検討から，組織風土や業態的な特殊性といった要因を調整要因として取り上げ，共有リーダーシップを規定する要因を探るとともに，共有リーダーシップの影響を左右する調整要因について検討することも，新たな研究の方向性の1つと考えることができるだろう。

　また，Friedrich et al.（2009）は，研究開発チームや TMT に関する研究などをレビューしたうえで，単純に複数のリーダーが存在することはチームや組織のポジティブな成果に十分ではなく，むしろ，リーダー間での情報の共有や協力，そして共同での意思決定が重要であると指摘している。加えて，Friedrich et al.（2009）は，LMX に関する研究から次のような提案をしている。リーダーとチームのポジティブな交換関係は，ロジスティックな交換，チームプロセス，および集合的リーダーシップの成果にポジティブに関連する。ただし，リーダーと他のメンバーとの交換関係に関するメンバー間での知覚の差異は，チームプロセスと集合的リーダーシップの成果を弱体化させる。蜂屋（1999）も指摘していたことだが，このような知見からも，複数のリーダー間の関係が適合的なものであるかといった観点を改めて加えた検討は重要であると言えよう。

　さらに，共有リーダーシップが垂直的リーダーシップと成果との関係を部分的に媒介することも想定可能であり，そのような相互に排他的でない共有リーダーシップと垂直的リーダーシップとの関連を明らかにする研究が提案されている（e.g., Friedrich et al., 2009; Wang et al., 2014）。共有リーダーシップと垂直的リーダーシップの2つのタイプを比較して，チームと個人の成果についてのそれらの影響力を検討することは，今後研究される価値がある（e.g., Carson et al., 2007; Liu et al., 2014）。

　共有リーダーシップが業績を向上させたという知見は，共有リーダーシップが階層的リーダーシップよりも常に好まれることを示唆するものではないと，Zhou et al.（2015）は述べている。また，Grille & Kauffeld（2015）は，共有リーダーシップは，垂直的なリーダーシップに取って代わるものではないが，単独のリーダーがすべての重要なリーダーシップ機能を効果的に実行できないような複雑さの増した職場に特に適合する動的な過程であると説明している。さらに，石川（2013）も，同様の観点から，共有リーダーシップの規定要因として，さらなる検討を行うことの必要性を提案している。これらの提案は，必ずしも，垂直的リーダーシップと共有リーダーシップとを対立的な視点として検討を促すものではない。両者の相補的関係，もしくは，石川（2013）が検討しているような共有リーダーシップの構造を醸成するための規定要因として垂直的リーダーシップに着目するものである。よって，本書でも取り上げている，サーバント・リーダーシップ，真正のリーダーシップ，あるいは権限委譲型リーダーシップといった概念と共有リーダーシップの関係を明らかにする研究を行うことが価値ある方向性であろう。

　さらに，Grille & Kauffeld（2015）は，リーダーシップ理論では軽視されて

きたが，リーダーシップの効果性に関わる重要な行動として近年注意を集めて
いるネットワーク活動（network activities; 人脈づくりの活動）を，最小支配
志向のリーダーシップ（micropolitical leadership orientation）として取り上げ
ている。組織の他のユニットや外部の集団との個人的なネットワーク接続を用
いることで，チームリーダーが重要な資源をスタッフに提供できるように，ネ
ットワーク化することがリーダーの効果性に貢献する付加的な行動カテゴリー
であると，Grille & Kauffeld（2015）は示唆している。また，石川（2013）は，
組織の内部および外部，どちらのコミュニケーションも積極的に行うことがで
きることを背景に，チーム内外でコミュニケーション・ネットワークのハブの
役割を果たすゲートキーパー（GK）型リーダーシップを取り上げている。石川
（2013）は，チームリーダーがゲートキーパーの役割を担うことにより，チーム
内外の情報交流のハブとなると同時に，チーム内外の調整を行うことで，チー
ムの目標の達成に向けて効果的な影響力を及ぼすことができると示唆している。

　この最小支配志向リーダーシップ，あるいは GK 型リーダーシップとして提
唱されているリーダーシップは，動的なリーダーシップの発揮様態として言及
される共有リーダーシップ過程とも強い関連があることが推測できる。事実，
石川（2013）は，共有リーダーシップの規定要因として，チームリーダーのリ
ーダーシップを位置づけたユニークな検討を行っている。検討の結果，チーム
リーダーの変革型リーダーシップと GK 型リーダーシップの双方が，共有リー
ダーシップと正の関連を持つことを示し，GK 型リーダーシップの方がより共
有リーダーシップと関連すると考察している。

　この最小支配志向リーダーシップ，あるいは GK 型リーダーシップを取り上
げ，より詳細な検討を行うことが必要であると思われる。

引用文献

Avolio, B. J., Jung, D. I., Murry, W., & Sivasubramaniam, N. (1996). Building highly
developed teams: Focusing on shared leadership process, efficacy, trust, and
performance. In M. M. Beyerlein, D. A. Johnson, & S. T. Beyerlein (Eds.), *Advances
in interdisciplinary studies of work teams* (Vol. 3, pp. 173-209). Greenwich, CT: JAI
Press.
Carson, J. B., Tesluk, P. E., & Marrone, J. A. (2007). Shared leadership in teams: An

investigation of antecedent conditions and performance. *Academy of Management Journal, 50*, 1217-1234.

Fransen, K., van Puyenbroeck, S., Loughead, T. M., Vanbeselaere, N., De Cuyper, B., Broek, G. V., & Boen, F. (2015). Who takes the lead? Social network analysis as a pioneering tool to investigate shared leadership within sports teams. *Social Networks, 43*, 28-38.

Friedrich, T. L., Vessey, W. B., Schuelke, M. J., Ruark, G. A., & Mumford, M. D. (2009). A framework for understanding collective leadership: The selective utilization of leader and team expertise within networks. *Leadership Quarterly, 20*, 933-958.

Grille, A., & Kauffeld, S. (2015). Development and preliminary validation of the shared professional leadership inventory for teams (SPLIT). *Psychology, 6*, 75-92.

蜂屋 良彦 (1999). 集団の賢さと愚かさ　ミネルヴァ書房

Houghton, J. D., Pearce, C. L., Manz, C. C., Courtright, S., & Stewart, G. L. (2015). Sharing is caring: Toward a model of proactive caring through shared leadership. *Human Resource Management Review, 25*, 313-327.

石川 淳 (2013). 研究開発チームにおけるシェアド・リーダーシップ―チーム・リーダーのリーダーシップ，シェアド・リーダーシップ，チーム業績の関係―　組織科学, 46, 67-82.

Lee, D. S., Lee, K. C., Seo, Y. W., & Choi, D. Y. (2015). An analysis of shared leadership, diversity, and team creativity in an e-learning environment. *Computers in Human Behavior, 42*, 47-56.

Liu, S., Hu, J., Li, Y., Wang, Z., & Lin, X. (2014). Examining the cross-level relationship between shared leadership and learning in teams: Evidence from China. *Leadership Quarterly, 25*, 282-295.

Mathieu, J. E., Kukenberger, M R., D' Innocenzo, L., & Reilly, G. (2015). Modeling reciprocal team cohesion-performance relationships, as impacted by shared leadership and members' competence. *Journal of Applied Psychology, 100*, 713-734.

Rydenfalt, C., Johasson, G., Odenrick, P., Akerman, K., & Larsson, P. A. (2015). Distributed Leadership in the operating room: A naturalistic observation study. *Cognition, Technology & Work, 17*, 451-460.

Wang, D., Waldamn, D. A., & Zhang, Z. (2014). A meta-analysis of shared leadership and team effectiveness. *Journal of Applied Psychology, 99*, 181-198.

Yukl, G. (2002). *Leadership in organizations* (5th ed.). Upper Saddle River, NJ: Prentice-Hall.

Zhou, W., Vredenburgh, D., & Rogoff, E. G. (2015). Informational diversity and entrepreneurial team performance: Moderating effect of shared leadership. *International Entrepreneurship and Management Journal, 11*, 39-55.

第Ⅲ部

リーダーシップの現代的トピック

◆7 ダイバーシティとリーダーシップ

坂田桐子

　近年，わが国においても「ダイバーシティ」や「ダイバーシティ・マネジメント」という言葉を頻繁に耳にするようになった。グローバル化社会や少子高齢化社会などを背景として，組織における人材の多様化は確実に進んでいる。わが国ではまだ女性の活躍促進や障がい者雇用などの文脈で「ダイバーシティ」という言葉が使われることが多いように思われるが，「ダイバーシティ・マネジメント」という概念は，単にマイノリティの人々に平等な雇用機会を保証することや，さまざまな人々が働きやすい職場にすることに留まらず，人々の多様性を企業の成果や価値創造に結びつけるという経営戦略の意味合いを含んでいる（谷口, 2008）。経済産業省は，「ダイバーシティ経営企業 100 選」事業を行い，ダイバーシティ経営によって企業価値向上を果たした企業を表彰している。このように，わが国においては，多様であることは「良いこと」であり，「生産的」である，という考え方が優位になりつつあるように思われる。しかし，ダイバーシティは無条件に「生産的」だと言えるのだろうか。

　米国では，差別的な雇用政策が違法であることを明示した公民権法第 7 条が1964 年に制定されて以来，ダイバーシティが実際にどのような効果を組織やチームにもたらしているのかに関する実証研究が蓄積されており，主にチームやワーク・ユニットのダイバーシティとパフォーマンスとの関連に関するメタ分析が数多く発表されてきた。しかし，それら諸研究から明らかになったことは，ダイバーシティが「諸刃の剣」であるということである。また，ダイバーシティとパフォーマンスとの関連についての知見は一貫性に欠ける部分が多々あり，明らかになっていないことも多い。本書の趣旨を考えると，チームのダイバーシティを生産性や創造性に結びつけるために，どのようなリーダーシップが必

要とされるのかが知りたいところであるが，ダイバーシティとリーダーシップを結びつけた実証研究はまだ少ないのが現状である。そのため，本章では最初に，ワーク・ユニットや仕事集団（以下，集団もしくはチームと表記する）におけるダイバーシティとパフォーマンスとの関連に焦点を当てた先行研究を概観し，その知見を整理する。その後，ダイバーシティと集団パフォーマンスとの関連を調整するリーダーシップに関する研究知見を概観する。最後に，今後必要な研究について考察したい。

1. ダイバーシティとは

　ダイバーシティ（diversity）とは，メンバー間に客観的または主観的差異が存在する程度を表す集団特性（van Knippenberg & Schippers, 2007）であり，1つ以上の属性における集団メンバー間の差異の分布を説明するための概念（Harrison & Klein, 2007）である。メンバー間の差異をもたらす属性とは，ジェンダー，人種／民族，年齢などのデモグラフィック特性の他，教育レベル，職務背景（functional background），態度や価値，パーソナリティなど深層レベルの（目に見えにくい）属性まで，あらゆるものが含まれる。

　仕事集団のダイバーシティの効果を検討した研究には，実験室研究とフィールド研究の両方が含まれるが，大学生などを対象とした実験室研究では，集団の構成を操作して独立変数とする場合が多い。たとえば，人種のダイバーシティを操作する場合は，全白人条件（白人4名）と人種多様条件（白人2名と非白人2名）を設定する，といった方法である（e.g., Sommers, Warp, & Mahoney, 2008）。一方，フィールド研究の場合は，調査対象となる集団やユニットが，ある属性においてどのように分布しているかを表す指数などを計算してダイバーシティの指標とすることが多い。たとえば，人種やジェンダーなどのカテゴリカルな属性の場合はエントロピー指数（Teachman, 1980）やBlauインデックス（Blau, 1977）が，また年齢や教育レベルや価値など連続変量として扱える属性の場合は変動係数や標準偏差などが用いられてきた（e.g., Jehn & Bezrukova, 2004）。これらの指標の公式については表7-2（p.158）を参照されたい。たとえば，Blauインデックスを使用した場合，女性9名と男性1名

で構成される 10 名集団は H=.18, 男女各 5 名ずつで構成される 10 名集団は H=.50 となり, 後者の方がダイバーシティの程度が高い, すなわち異質である (heterogeneous) ことになる。

なお, このように集団特性としてダイバーシティを扱う観点の他に, 個人の特性とその個人が所属する集団における当該特性の分布との関連に焦点を当てる観点もある (e.g., Tsui & Gutek, 1999)。このような観点は, 関係デモグラフィ (relational demography) と呼ばれ, ある個人の視点から, その個人の属性が他の集団メンバーの属性とどの程度共通しているかを数値化し, 個人がその所属集団とある特性において類似している程度に焦点を当てるのである。この観点は, チームにおける個人レベルの類似性がその個人の成果をどのように予測し得るかを検討するために用いられ, 数多くの研究が行われている。本章では, 関係デモグラフィの知見への言及は最小限にとどめ, 集団特性としてのダイバーシティに焦点を当てる。

集団特性としてのダイバーシティ指標と集団パフォーマンスとの関連を検討する研究は, 数多く蓄積されてきた。しかし, その知見は一貫性に欠けており, ダイバーシティが集団パフォーマンスに対して否定的な効果と肯定的な効果の両方をもたらしていることが明らかになるとともに, ダイバーシティとパフォーマンスとの関連を調整する要因や媒介要因の探索が盛んに行われるようになった。次節では, ダイバーシティの効果を考える際に必要ないくつかの観点について述べる。

2.　ダイバーシティの効果を理解するための観点

[1] 2つの心理的プロセス

Williams & O'Reilly (1998) は, 過去 40 年間のダイバーシティ研究の知見を整理し, ダイバーシティの結果を予想する際の理論的視座が研究者によって異なることを見出した。その理論的視座は 2 つに大別される (e.g., van Knippenberg, De Dreu, & Homan, 2004; Williams & O'Reilly, 1998)。1 つは, 社会的カテゴリー化 (e.g., Tajfel & Turner, 1986) や類似性 – 魅力説 (Byrne, 1971) をベースとする視座であり, もう 1 つは情報処理過程や意思決定過程に

注目する認知的視座である。

　社会的カテゴリー化の視座では，特性の差異が，チームのメンバーを内集団と外集団にカテゴリー化するための手がかりとして使用され，チーム内にサブグループを生み出すことを想定する。特に，表層的で可視的な，ジェンダーや人種といったデモグラフィック特性の方が認知的アクセシビリティが高いため，カテゴリー化に使われやすい。自己カテゴリー化理論（e.g., Turner, Hogg, Oakes, Reicher, & Wetherell, 1987）によると，サブグループに内集団バイアスが働く結果，サブグループ間には軋轢や関係葛藤が生じやすくなる。それはサブグループ間のコミュニケーション不全につながり，チーム全体としての凝集性は失われ，最終的には集団全体のパフォーマンスの低さや高い転職率などに結びつくと考えられる。すなわち，社会的カテゴリー化の視座から予測すると，集団のダイバーシティと集団パフォーマンスは負の関連を示すはずである。

　一方，情報処理過程に注目する視座では，集団のダイバーシティの高さ，特に職務に関連する属性（専門性や職務背景など）におけるダイバーシティの高さを，集団における資源の豊富さと捉える。すなわち，集団の中に，職務に関連する多様な知識やスキル，また多様な観点や意見が豊富に存在することを意味する。このように多様な意見や観点が存在することは，仕事に関する意見対立（課題葛藤）を増大させるとともに課題関連情報の精査を促し，安易な意見同調や拙速な合意を阻止することによって，結果的に高質な意思決定や創造的・革新的な高いパフォーマンスをもたらすことが予想される。実際，集団浅慮の研究などからも明らかなように，異なる意見や斬新なアイデアに触れることによって，より創造的で革新的な解決に結びつくことが実証されている（e.g., De Dreu & West, 2001）。したがって，情報処理過程に注目する視座では，職務関連の属性におけるダイバーシティと集団パフォーマンスは正の関連を示すことが予測される。

　社会的カテゴリー化の視座は集団過程における感情的・関係的側面に焦点を当て，情報処理過程の視座では認知的な側面や課題関連の側面に焦点を当てている。そして，前者はジェンダーや人種や年齢のような表層的特性におけるダイバーシティが社会的カテゴリー化を促すことを想定しており，後者は職務関連度の高い属性（職務背景，専門性，教育レベルなど）におけるダイバーシテ

ィが情報の豊富さに結びつくことを想定している。このように考えると，ダイ
バーシティと集団パフォーマンスとの関連は，ダイバーシティの種類（表層的
な属性か，職務関連度の高い属性か）によって調整されるという予測が成り立
つことになる。しかし，ダイバーシティの種類による調整効果を検討したメタ
分析の知見（Bowers, Pharmer, & Salas, 2000; Horwitz & Horwitz, 2007; Joshi
& Roh, 2009; Webber & Donahue, 2001）は混乱しており，ダイバーシティの種
類による調整効果は必ずしも支持されなかった。

　これに対して，最近発表された大規模な（146 研究を含む）メタ分析（van
Dijk, van Engen, & van Knippenberg, 2012）では，興味深い知見が得られてい
る。このメタ分析では，集団パフォーマンスの測度が主観的測度（集団メンバ
ーやリーダーによる評価，または集団外のリーダーによる評価）であるか客観
的測度（財政的業績や正解の数など）であるかに注目した。その結果，主観的
測度の場合は，デモグラフィック・ダイバーシティは集団パフォーマンスと負
の，課題関連ダイバーシティは正の，有意な関連を示した。しかし，客観的測
度の場合は，どのダイバーシティの種類も集団パフォーマンスと有意に関連し
ていなかった。また，ダイバーシティとパフォーマンスとの関連におけるダイ
バーシティの種類による差は，チーム外のリーダーによる主観的評価のときだ
け有意であった。つまり，課題関連ダイバーシティの方がデモグラフィック・
ダイバーシティよりパフォーマンスとポジティブに関連するという結果は，パ
フォーマンスがチーム外リーダーの主観的評価によって測定されたときのみ
見られたことになる。これらの結果は，過去のメタ分析（Horwitz & Horwitz,
2007; Joshi & Roh, 2009）で見出されたダイバーシティの種類の調整効果が，パ
フォーマンスに対する評価者バイアスによるものである可能性を示唆すると，
著者らは述べている。その他に，このメタ分析では，複雑性が低い課題よりも
高い課題の客観的パフォーマンスに対して，また役割内パフォーマンスよりも
革新的パフォーマンス（客観的測度による）に対して，課題関連ダイバーシテ
ィが有効に機能することが示されている。

　調整要因としてのダイバーシティの種類の効果には疑問符が付くこととなっ
たが，社会的カテゴリー化および情報処理のプロセスは，ダイバーシティとパ
フォーマンスとの関連を説明する重要な視座であり，その後の多くの研究の理

論的基礎となっている。この 2 つのプロセスの生じ方と機能についてさらに精緻化した理論がカテゴリー化 – 精緻化モデル（van Knippenberg, De Dreu, & Homan, 2004）である。

［2］カテゴリー化 – 精緻化モデル

　van Knippenberg et al.（2004）はカテゴリー化 – 精緻化モデル（The Categorization-Elaboration Model: 以下，CEM）を提唱している。このモデルでは，特定のダイバーシティ・タイプが社会的カテゴリー化のプロセスや情報処理プロセスと結びつくのではなく，どのダイバーシティ・タイプも両方のプロセスを導き得ると想定する。そのうえで，ダイバーシティは，課題関連情報や視座の精緻化，すなわちメンバー間の議論の交換や，知識とアイデアの統合などを促進し，情報の精緻化は集団パフォーマンス，特に創造性や革新，意思決定の質などを高めると想定する。しかし，情報の精緻化はいつも生じるわけでなく，集団課題が情報処理や意思決定の要素を強く備えている場合，集団が課題関連情報を処理することに強く動機づけられている場合，および集団メンバーの課題能力が高い場合にのみ生じる。

　一方，社会的カテゴリー化は認知的アクセシビリティ，規範適合性（normative fit），および比較適合性（comparative fit）の 3 つの要因によって生じる（e.g., Turner et al., 1987）。認知的アクセシビリティとは，差異によって暗示される社会的カテゴリー化（たとえば男性対女性）が認知的にどの程度活性化されやすいかを表す概念である。たとえば，いつも女性の活躍を促進するための有効な施策を考えている人事担当者は，ジェンダーという特性に対する認知的アクセシビリティが高く，ジェンダーによるカテゴリー化をしがちであるかもしれない。規範適合性とは，ある特性によるカテゴリー化がその状況に適合することであり，その状況において「集団」という主観的感覚を生み出すことである。たとえば，ある企業の新入社員たちがベテランの中高年社員たちと接するときは年齢による自己カテゴリー化が行われやすく，その新入社員が他企業の新入社員たちと交流する場面では，所属企業による自己カテゴリー化が行われやすい。比較適合性とは，そのカテゴリー化がサブグループ内の高い類似性とサブグループ間の高い差異をもたらす程度（メタコントラスト比）

のことであり，ある状況でこの比が最大になるようなカテゴリー化が行われや
すい。要するに，どの特性によるカテゴリー化が行われるかは，状況の要因に
かなり左右されるのである。なお，集団にとって有害なのは社会的カテゴリー
化そのものではなく，それによってもたらされる集団間バイアス（外集団メン
バーより内集団メンバーに対して好意的に反応すること）である。社会的カテ
ゴリー化はいつも集団間バイアスに結びつくわけではなく，サブグループ・ア
イデンティティに対する脅威や挑戦がある場合に限られる。CEM では，社会
的カテゴリー化から生じた集団間バイアスが課題関連情報や視座の精緻化を妨
げるという点で，社会的カテゴリー化プロセスと情報処理プロセスがパフォー
マンスに対して交互作用的に影響することを想定している。

　CEM は，社会的アイデンティティ理論や自己カテゴリー化理論などをベー
スとした社会心理学的な理論であり，2 つのプロセスの生起を規定する要因を
示した点や，両者を統合的に理解する筋道を示した点で，ダイバーシティ研究
に対する貢献度は大きいと思われる。実際，CEM は，実証的知見の当てはま
りが非常に良いことが指摘されており（e.g., Guillaume, Dawson, Otaye-Ebede,
Woods, & West, 2015; Kearney, Gebert, & Voelpel, 2009; van Knippenberg &
Schippers, 2007），一貫性に欠けるダイバーシティ研究の知見を統合的に理解
するための枠組みとして有効であると考えられる。なお，近年，社会的カテ
ゴリー化を生じさせる要因として，主観的不確実性の効果も示唆されている
（Guillaume et al., 2015）。

［3］複数の特性の配列の効果：フォールトライン

　ダイバーシティとパフォーマンスとの関連に関する知見が一貫しない原因の
1 つとして，多くのダイバーシティ研究が，1 つの属性のダイバーシティに着
目し，その主効果を主に検討している点が挙げられる。しかし，社会的カテゴ
リー化のプロセスを考慮すると，むしろ重要なのは，1 つ以上の属性によって，
集団の中にサブグループが構成されてしまうかどうかである。このような考え
方に基づいて，近年はフォールトラインの効果の検討が盛んに行われている。

　フォールトライン（faultline）とは，1 つ以上の個人属性に基づいて集団を 2
つ以上の（同質な）サブグループに分割する仮説的分断線のことである（Lau

& Murnighan, 1998; Thatcher & Patel, 2012)。ある組織の2つのチームを例に挙げてみよう。チームAは，ベテランの男性技術者3名と新人の女性事務員3名で構成されている。チームBはチームAと同じ6名チームであるが，ベテラン女性技術者，ベテラン男性技術者，新人女性技術者，ベテラン男性事務員，新人女性事務員，新人男性事務員が各1名で構成されている。2つのチームはいずれも，技術者と事務員が各3名，男性と女性が各3名，ベテランと新人が各3名で構成されているため，仮に職種，性別，および勤続年数におけるダイバーシティをそれぞれBlauインデックスで数値化したとしたら，両チームは同じ数値になる。しかし，チームAは，職種，性別，および勤続年数の3次元の配列によって，2つの同質なサブグループを生み出す強いフォールトラインが存在している。ある属性におけるダイバーシティの程度以上に，フォールトラインがチーム・パフォーマンスや集団内葛藤の程度に影響を及ぼすことが予想される（Thatcher & Patel, 2012）。

　実証研究によると，強いフォールトラインは，集団のパフォーマンス（e.g., Homan, Hollenbeck, Humphrey, Van Knippenberg, Ilgen, & Van Kleef, 2008; Jehn & Bezrukova, 2010）や集団レベルのボーナス（e.g., Bezrukova, Thatcher, & Jehn, 2007），また集団パフォーマンスの知覚（e.g., Kunze & Bruch, 2010）などのパフォーマンス変数に負の影響を及ぼすことが見出されている。また，強いフォールトラインは情報の精査（Meyer, Shemla, & Schermuly, 2011）や集団学習（e.g., Jehn & Rupert, 2008）を妨げ，集団レベルの組織市民行動に負の影響を及ぼす（Choi & Sy, 2010）ことも見出されている。

　フォールトラインが集団満足度や集団間葛藤に及ぼす影響についても研究されている。強いフォールトラインが集団満足度と負の関連を示すという知見（e.g., Cronin, Bezrukova, Weingart, & Tinsley, 2010）も多い一方，サブグループ内のソーシャル・サポートと強い絆が高レベルのサブグループ満足度をもたらし，高いサブグループ満足度が集団全体に対する満足度にスピルオーバーすることを示唆した研究もある（e.g., Lau & Murnigham, 2005）。また，集団内葛藤については，デモグラフィック・フォールトラインが集団内葛藤と正の関連を示すことを見出した研究（e.g., Jehn & Bezrukova, 2010）もある一方，強いフォールトラインが関係葛藤を低減することを見出した研究（Lau & Murnighan,

2005）や，フォールトラインのタイプ（年齢と人種の組み合わせ，テニュアと年齢の組み合わせなど）によって関係葛藤との関連の正負が異なるという知見もある（Choi & Sy, 2010）。

　フォールトライン研究の知見は必ずしも一貫しているわけではなく，やはり有効な調整要因を見出すことが課題となっている。今後もさらなる研究の深化が望まれる。

［4］包　摂

　フォールトラインやそれによる集団間バイアス，サブグループ間の地位差や葛藤といった状態と対極の状態は，包摂（inclusion）と呼ばれ，多様な個々のメンバーがその個性や能力を認められ，対等に集団に参加できており，所属感を得ている状態を指す。

　Shore, Randel, Chung, Dean, Ehrhart, & Singh（2011）は，最適差異化理論（optimal distinctiveness theory: Brewer, 1991）に基づいて，包摂の概念化を試みている。最適差異化理論によると，人には「他者との類似性や妥当化の欲求」とそれに対抗する「独自性と個人化の欲求」の間の緊張があり，所属する集団の包摂を最適レベルにすることによってこれら2つの欲求のバランスを求める。集団に受容されたメンバーであることは安全を強めるが，集団メンバーと似すぎていると「他者と交換可能なメンバー」になってしまい，独自性欲求が満たされない。独自性欲求が活性化すると，人は他者との違いを求めて集団内比較をするようになる。状況によってどちらの欲求が顕現するかは異なるが，人は両方の欲求を満たす集団に同一化する。

　Shore et al.（2011）は，包摂を，「従業員が所属欲求と独自性欲求を満たす扱いを経験することによって，自分が仕事集団の尊重された（esteemed）メンバーであると知覚する程度」と定義しており，独自性欲求と所属欲求が包摂の感覚を生み出すと提案している。特に，ある個人が集団メンバーとして受け入れられており，かつその集団がその人固有の特性に価値を置く場合には，その固有の特性が集団パフォーマンスに役立つと論じている。

［5］ ダイバーシティのタイプ

Harrison & Klein（2007）は，ダイバーシティとパフォーマンスとの関連が一貫しない原因の1つとして，多くの研究が「ダイバーシティ」の意味する状態を明確に定義していないことを挙げている。実際，これまでの研究では，ダイバーシティを表すのに，異質性（heterogeneity），非類似性（dissimilarity），不一致（disagreement），拡散（divergence），変動（variation），不平等（inequality）など，さまざまな言葉を使用している。しかし，それぞれの言葉が意味するものは微妙に異なっている。

多くの場合，「ダイバーシティが最小である状態」は明確であるが，「ダイバーシティが最大である状態」の分布や形態は必ずしも明確ではない。たとえば，8名で構成されるチームの年齢のダイバーシティを研究する場合，「ダイバーシティが最大の状態」とは，20代，30代，40代，50代のメンバーが各2名いる状態を指すのか，20代のメンバー4名と50代のメンバー4名というように両

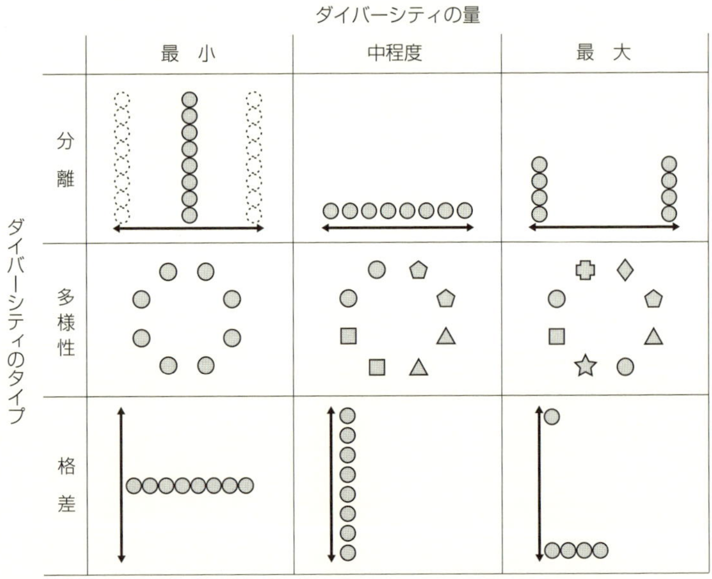

図7-1　3つの意味をもつダイバーシティのタイプと量 （Harrison & Klein, 2007）

極化している状態を指すのか，あるいは 20 代メンバーが 7 名と 50 代メンバーが 1 名というように，さまざまな権限や資源が 1 人（50 代メンバー）に集中しそうな状態を指すのかが不明瞭であり，研究者がその点をあらかじめ明確に定義している研究は少ない。また，ダイバーシティの程度を測定するために用いられている指標にもさまざまなものがある。

　そこで，Harrison & Klein（2007）は，分離（separation），多様性（variety），格差（disparity）の 3 タイプのダイバーシティを区別することを提案し（図 7-1，表 7-1），各タイプに応じたダイバーシティ指標を使用することを提案している（表 7-2）。特に，デモグラフィック・ダイバーシティの多くは 3 種のダイバーシティ・タイプの何れでも概念化できるため，各研究においてどのタイプのダイバーシティを用いるかを明確に定義し，それに応じた測定指標を使用することが重要だと提言している。

表 7-1　ユニット内ダイバーシティ・タイプの意味と特徴（Harrison & Klein, 2007 を改編・加筆）

ダイバーシティのタイプ	意味と同義語	最大のダイバーシティにおける属性の形態	属性の例	予測される成果	基礎となる理論
分離 separation	主に価値や信念や態度におけるユニットメンバー間の意見や立場における（水平的な）差異の構成；不一致や反対	ユニットメンバーの半数がある連続帯の最大点に，残り半数が最小点に位置する二峰性の分布	特にチーム目標と過程に関する意見，信念，価値，および態度	凝集性の低下，対人的葛藤や不信の増大，課題パフォーマンスの低下	類似性－魅力説，社会的アイデンティティ理論・自己カテゴリー化理論，魅力選抜減少説
多様性 variety	ユニットメンバー間の知識や経験の種類，源，またはカテゴリーにおける差異の構成；ユニークまたは特有の情報	すべての可能なカテゴリー（連続帯ではない）間にメンバーが広がっている均質な分布	専門知識，機能的背景，重複しないネットワークの紐帯，産業経験	大きな創造性と革新，高質な意思決定，課題葛藤の増大，ユニットの柔軟性の増大	情報処理論，最小多様性の法則，変異と選択的保持
格差 disparity	ユニットメンバーが保持する社会的に価値ある資産や資源に比例した（垂直方向の）差異の構成；不平等や相対的濃度	連続帯の最高点に 1 人のメンバーが位置し，最低点に他のメンバーが位置する正方向に歪んだ分布	給与，収入，威信，地位，意思決定権，社会的勢力	ユニット内競争と憤りを伴う逸脱の増大，メンバーの投入量の低下，引きこもり	分配的公正と公平，地位階層，トーナメント，社会的成層

表7-2　ダイバーシティ・タイプの測定指標と公式 (Harrison & Klein, 2007 を改編・加筆)

ダイバーシティ のタイプ	測定指標	公式	最小値から最大値	想定される 尺度
分離 separation	標準偏差	$\sqrt{[\Sigma(S_i-S_{mean})^2/n]}$	0 to $[(u-l)/2]$	間隔尺度
	ユークリッド 距離の平均	$\Sigma\sqrt{[\Sigma(S_i-S_j)^2/n]/n}$	0 to $[(u-l)/\sqrt{(2)}]$	
多様性 variety	Blau's Index	$1-\Sigma p_k^2$	0 to $(K-1)/K$	名義尺度
	Teachman (entropy)	$-\Sigma[p_k\cdot\ln(p_k)]$	0 to $-1\cdot\ln(1/K)$	
格差 disparity	変動係数 (CV)	$\sqrt{[\Sigma(D_i-D_{mean})^2/n]}/D_{mean}$	0 to $\sqrt{(n-1)}$	比率尺度
	ジニ係数	$(\Sigma|D_i-D_j|)/(2\cdot N^2\cdot D_{mean})$	0 to $1-(1/n)$	

注：分離（S）と格差（D）については，ダイバーシティ属性は最低値 l から最高値 u の範囲の連続変量である。理論的には，l は分離属性については $-\infty$ を，格差属性については 0 をとり得る一方，u はいずれの場合も $+\infty$ である。操作的には，l と u は属性を測定するのに使用された測度によって制限される。多様性（V）については，属性は名義変数もしくは離散変量である。K は可能なカテゴリー数である。p は k 番めのカテゴリーに該当するメンバーの比率である。いずれの公式においても，n は集団の人数である。

　Bell, Villado, Lukasik, Belau, & Briggs (2011) は，デモグラフィック・ダイバーシティ変数と集団パフォーマンスとの関連について，3種のダイバーシティ・タイプを考慮したメタ分析を行った。その結果，職務背景については大部分の研究が多様性概念と一致する指標を使用しており，それらとチーム・パフォーマンスとの間に弱い正の関連（$\rho=.11$）があった。特に，パフォーマンスが，創造性や革新に関するものの場合に正の関連が強い（$\rho=.18$）。教育レベルのダイバーシティに用いられる指標は多様性の他にもさまざまであったが，多様性およびチーム平均はいずれもチーム・パフォーマンスと無関連であった。組織勤続年数のチーム平均と効率性との間に弱い正の関連（$\rho=.14$）があったが，組織勤続年数のダイバーシティ（その多くが格差）と集団パフォーマンスとの間に関連はなかった。性別と人種の研究には全て多様性指標が用いられており，フィールド研究における性別多様性（$\rho=-.09$）や人種多様性（$\rho=-.13$）はいずれも集団パフォーマンスとの間に小さな負の関連があった。

　Bell et al. (2011) のメタ分析では，職務背景，性別，人種については専ら多様性が適用されていること，教育レベルや勤続年数や年齢については，数に偏りはあるものの，3タイプのダイバーシティが適用されていることが示された。

特性によっては，3タイプのどれでも適用可能であることを考慮すると，ダイバーシティのタイプや測定指標に留意して諸研究の結果を解釈する必要があると考えられる。ただし，先述した van Dijk et al. (2012) のメタ分析では，このダイバーシティ・タイプの効果を検討したものの，ダイバーシティとパフォーマンスとの関連を調整する効果は見られなかった。3種のダイバーシティ・タイプを考慮することが，ダイバーシティとパフォーマンスとの一貫しない関連を整理することに貢献するとは言えない可能性もあるが，ダイバーシティの概念を明確にすること，概念に適合した指標を用いることは重要であると考えられる。

3. ダイバーシティの効果を調整する要因

　ここまで述べてきたように，ダイバーシティが集団パフォーマンス（および社会的統合など他の従属変数）に及ぼす効果は一貫しておらず，両者の関連を調整する要因の探索が続けられてきた。ここでは，Guillaume et al. (2015) やvan Knippenberg & Schippers (2007) などをもとに，研究数が多く，ある程度一貫した知見を示している調整要因について概観する。

[1] チームの相互依存性
　チームの相互依存性とは，目標，報酬，課題構造のような公式的な文脈的特徴が，相互に依存し，責任をもち合うようなメンバー間の関係性を促す程度を示す概念である。Guillaume, Brodbeck, & Riketta (2012) は，回答者自身の集団内の他者との相違（dissimilarity）が社会的統合性（集団への愛着，同僚や職務に対する満足度，社会的関係性の質など，集団内の他者との心理的な結びつきの程度を表す概念）や回答者自身のパフォーマンス成果に及ぼす効果に関するメタ分析を行った。その結果，チームの相互依存性が高い場合ではなく低い場合に，表層的な（デモグラフィック要因）相違が社会的統合性に悪影響を及ぼし，社会的統合性は表層的相違と個人の成果（転職，課題パフォーマンス，文脈的パフォーマンス）との負の関連を完全媒介していた。一方，深層的な（価値，態度，パーソナリティ）相違も社会的統合性に悪影響を及ぼしてい

たが，その効果はチーム相互依存性が低い場合より高い場合に強かった。これらの結果から，チームの相互依存性が低い場合には，デモグラフィック属性による自己カテゴリー化が生じ，チーム内のサブグループ化を促進する一方，チームの相互依存性の高さはチームメンバー間の接触を高めることで個人化を促し（接触仮説：Pettigrew, 1998），態度や価値における相違点を浮き彫りにした結果，類似性－魅力の原理に従って相違の大きいメンバーに対する魅力度を低下させたと解釈することができる。

［2］課題の新規性や複雑性

　Van Dijk et al.（2012）によるメタ分析では，ダイバーシティがイノベーションと正の関連を示すことが明らかにされた。一方，Díaz-García, González-Moreno, & Sáez-Martínez（2013）は，ジェンダー・ダイバーシティが過激なイノベーションと正の関連を示すが，漸増的なイノベーションとは関連しないことを見出し，課題の新規性の程度が高いほどデモグラフィック・ダイバーシティから受ける利益が高いことが示された。これに関連して，複雑課題の場合に，ダイバーシティがパフォーマンスおよび健康を特に促進することが示されている（Wegge, Roth, Kanfer, Neubach, & Schmidt, 2008）。CEM によって予想されるとおり，ダイバーシティによる情報の種類の豊富さは，特に複雑な課題や新しさが求められる課題において有効に機能するようである。

［3］サブグループの形態

　フォールトライン（たとえば，男性医師2名と女性看護師2名がいるような状態）ではなく，クロスカテゴリー化（男性看護師と女性看護師，男性医師と女性医師が各1名ずついるような場合）は，集団間バイアスを妨げ，社会的統合，パフォーマンス，およびウェルビーイングを高めることが示されている。また，フォールトラインおよびサブグループ間の地位差が，集団間バイアスを導き，社会的統合やパフォーマンスを損なうかどうかは，他の状況要因（ダイバーシティに対して肯定的または否定的な見解を促す要因があるか，大きな社会的文脈における集団間関係が肯定的なものか否か）に依存するようである。また，高地位サブグループに支配される集団で働くことは，低地位サブグルー

プメンバーの集合的努力を動機づけ（Chattopadhyay, Tluchowska, & George, 2004），地位差が安定的で，正当である場合は，社会的統合とパフォーマンスを強めるようである（van Dijk & van Engen, 2013）。

［4］個人差

　ビッグファイブ特性における開放性，認知欲求，およびダイバーシティに対する肯定的信念の高いチームほど，肯定的集団間接触を行うことによって社会的統合を促進し，情報の精緻化によってパフォーマンスを高めることが見出されている。外向性，セルフモニタリング，肯定的ステレオタイプの高さは，デモグラフィック特性における相違度の高い集団メンバーに対する否定的な感情や評価を予防し，ひいては低い社会的統合を防止することが示されている。

　以上，比較的一貫した傾向を示している調整要因について述べた。CEM に従えば，チーム年齢，心理的安全や信頼などの組織風土，協力規範などもダイバーシティとパフォーマンスの関係を調整する要因となることが予想されるが，これらの要因については実証的研究の知見は一貫していない。Guillaume et al.（2015）は，単一の調整要因だけでなく，高次の環境要因（たとえば，集団内における男性サブグループと女性サブグループの関係だけでなく，社会における男性と女性の関係性など）に目を向ける必要があること，ダイバーシティの効果が非線形である可能性を考慮すべきことを指摘している。たとえば，適度なダイバーシティは情報の精緻化に資するが，メンバー間の相違が大きすぎる場合は，メンバーの自己制御能力を超えてしまうかもしれない。いずれにせよ，今後さらなる研究の蓄積が必要である。

4.　リーダーシップとダイバーシティ

　ここまで述べてきたように，ダイバーシティは諸刃の剣であり，それを生産性に結びつく方向で活用することは容易ではない。このような現状を見る限り，ダイバーシティの高い集団におけるリーダーの役割は非常に重要である。CEM に従えば，集団における情報処理の精緻化を促すとともに，社会的カテゴリー化過程による妨害を抑制することによって，ダイバーシティが生産性や

革新に結びつくように制御することがリーダーが果たすべき役割の1つである
と考えられる。しかし，ダイバーシティとリーダーシップに関する研究は，ま
だそれほど多いわけではない。ここでは，ダイバーシティと集団パフォーマン
スとの関連を調整するリーダーシップの効果を検討した研究を概観してみよう。

［1］変革型リーダーシップと LMX

　変革型リーダーシップの効果を検討した研究がいくつか存在する。変革型リ
ーダーシップが高い場合，国籍と教育背景のダイバーシティは集団パフォーマ
ンスを高め，年齢ダイバーシティがパフォーマンスに及ぼす負の効果が緩和さ
れること（Kearney & Gebert, 2009），専門性におけるダイバーシティがチーム
の創造性と正の関連を示すこと（Shin & Zhou, 2007）が見出されている。しか
し，ジェンダーのダイバーシティがチームコミットメントに及ぼす負の効果を，
変革型リーダーシップが調整できなかったという報告もある（Seong & Hong,
2013）。Seong & Hong（2013）は，この予想外の結果を，調査対象となったIT
企業では変革型リーダーシップのような強いリーダーシップは適合しなかった
からだと考察している。

　上司と部下の交換関係の質（LMX）についても検討されている。Nishii &
Mayer（2009）は，デモグラフィック・ダイバーシティおよびテニュア・ダイ
バーシティと転職との正の関連を，LMX 平均と LMX 分化が調整すると予測
した。上司が部下と高質な関係をもつことは，その部下を高地位にすることで
あり，部下の心理的安全を高めることにつながる。しかし，LMX の質がメン
バー間で異なること（LMX 分化）は，LMX の低いメンバーに排斥のメッセ
ージを伝えることになる。そのため，LMX 平均が高く，分化が低ければ，ダ
イバーシティと転職との関連は弱まるはずである。結果は仮説を支持しており，
高 LMX で低分化の場合はダイバーシティが高いほど転職が少なくなるが，高
LMX で高分化の場合は，ダイバーシティと転職の正の関連が最も強かった。

［2］課題中心的‐人間中心的リーダーシップ

　一方，ダイバーシティの高いチームで個人の心理的安全を高め，サブグルー
プ間の断絶を克服することが重要であることを考えると，理論的には変革型リ

ーダーシップや LMX よりも，リーダーの配慮行動の方が有効だとする見解も
ある（Homan & Greer, 2013）。Homan & Greer（2013）によると，LMX がリ
ーダーとフォロワーの2者関係の質に焦点を当てるのに対し，配慮行動はチー
ム内または部下間の関係性の質に焦点を当てるものである。また，変革型リー
ダーシップにおける個別的配慮は，個々人の発達やエンパワーメントや能力向
上に狙いを定めているのに対し，配慮行動はメンバー個々人が安全で支持され
ていると感じ，個人的問題を解決できるようになることを狙いとしている。そ
のため，ダイバーシティの高い集団では，配慮行動を示すリーダーが最も好ま
れ，しかも有効だと予測される。この予測は支持され，シナリオ実験において，
ダイバーシティの高い状況下では配慮行動の高いリーダーが好まれることが示
された。また，小売店の従業員を対象とした調査から，配慮行動を示すリーダ
ーほど，テニュア・ダイバーシティの高い集団でメンバーをユニークな個々人
とみなし（個人化），ゆえにチームのパフォーマンスを改善することが示された。
　しかし一方，Klein, Knight, Ziegert, Lim, & Saltz（2011）は，「配慮」をその
構成概念の中に含む人間中心的リーダーシップの否定的な効果を見出している。
課題中心的リーダーシップは民族ダイバーシティとチーム葛藤との正の関連を
弱める働きをする一方，人間中心的リーダーシップは伝統性（伝統を重んじる
程度）に関するダイバーシティとチーム葛藤との正の関連を強める働きをした。
この結果について，Klein et al.（2011）は次のように考察している。人間中心
的リーダーシップは，メンバーに温かさと配慮を示し，メンバーのニーズに平
等に耳を傾け，意思決定に参加させるような行動である。価値の類似したチー
ムなら，それはチームメンバーの凝集性やアイデンティティや誇りを高めるこ
とにつながるだろう。しかし，メンバー間で価値が異なるチームでは，人間中
心的リーダーシップによってメンバーが自分の価値を表明するようになり，価
値の異なる他者への不満や不承認を表明することによって，葛藤を高めること
に結びつくと考えられる。一方，課題中心的リーダーシップは，各メンバーに
期待される役割と課題を明確化し，公式的な基準を維持し，チームの活動を調
整して仕事を前に進める働きをする。そのため，価値のダイバーシティが高い
チームでも，メンバー相互の行動は斉一になり，効果的に調整されることにな
る。Homan & Greer（2013）と Klein et al.（2011）では，焦点を当てているダ

イバーシティ特性が異なるが，その点がこの知見の不一致に寄与しているか否かはさらなる研究を待つ必要がある。

［3］リーダーの包摂性

　その他に，ダイバーシティの効果を調整するリーダー要因として，リーダーの包摂性（inclusiveness）が注目されている。リーダーの包摂性とは，他者の貢献を引き出してその真価を認めるようなリーダーの言葉や行為のことであり，新しい考えを歓迎すると同時に，チームのメンバーが心理的にも物理的にもリーダーに接近しやすく，リーダーを利用しやすい状態をつくる程度を意味する（Nembhard & Edmondson, 2006）。ヘルスケアチームにおいて，リーダー（医師）の包摂性はチーム内の心理的安全を高める働きをしており，その効果は特に低地位者（看護師や呼吸療法士）において顕著であったことが示されている（Nembhard & Edmondson, 2006）。リーダーの包摂性が心理的安全の知覚を高めることは，病院における縦断調査を行った Hirak, Peng, Carmeli, & Schaubroeck（2012）によっても示されており，心理的安全は失敗から学ぶ行動を促進することによってユニット業績を高める働きをしていた。

　Mitchell, Boyle, Parker, Giles, Chiang, & Joyce（2015）によると，リーダーの包摂性には，議論や意思決定にすべてのチームメンバーが参加することを促進する行動や，メンバーの多様な視座が明示的に価値づけられ促進される行動が含まれており，これらの行動は参加的リーダーシップや変革型リーダーシップとも共通する要素である。しかし，これら他のリーダーシップ概念と包摂性概念との違いは，メンバー間の地位差や勢力差によって特徴づけられる状況に焦点を当てていること，またダイバーシティの価値を認める行動に注意を向けていることにある（Nembhard & Edmondson, 2006）。Mitchell et al.（2015）は，ヘルスケアチームを対象とした調査によって，リーダーの包摂性がメンバー間の地位差やチーム・アイデンティティに及ぼす影響を検討した。その結果，リーダーの包摂性は，共有されたチーム・アイデンティティを増大させることによってパフォーマンスを高めることが示された。また，リーダーの包摂性は知覚されたメンバー間の地位差を減少させることが示された。メンバー間の地位差がパフォーマンスに及ぼす影響は専門性ダイバーシティの高さによって調

整されており，ダイバーシティが高い場合には地位差が小さいほどパフォーマンスが高いことが示された。リーダーの包摂性については，現在のところヘルスケアチームにおける実証研究が多いが，その中では，リーダーの包摂性がダイバーシティの高いチームの心理的安全を促す機能やメンバー間の地位差を低減する機能を持つことが一貫して示されていると言えよう。この効果が企業組織においても，また専門性以外のダイバーシティ特性においても再現されるかどうかについては，今後の研究を待たねばならない。

　包摂性のように，ダイバーシティの価値を認めるリーダー行動がダイバーシティの高いチームにとって有効であるならば，それが1人のリーダーではなく共有リーダーシップとして発揮される方がより効果的なのだろうか。Acar (2010) は，81集団を対象とした縦断研究を行い，ダイバーシティ志向（集団間バイアスや感情的攻撃を抑制し，メンバー間の相互尊重を促進すること）の共有リーダーシップの効果性を検討した。その結果，共有リーダーシップは，相互作用初期と相互作用後期において，表層的ダイバーシティと情緒的葛藤との負の関連を調整したが，予測とは反対に，共有リーダーシップが高い場合に表層的ダイバーシティが情緒的葛藤を強めていた。深層的ダイバーシティと情緒的葛藤との関連を相互作用中盤で共有リーダーシップが調整したが，この効果は予測どおり，共有リーダーシップがダイバーシティと情緒的葛藤との正の関連を弱めるというものであった。これは不思議な結果であるが，Acar (2010) は，メンバーが偏見を持たないよう抑制する努力がリバウンド効果（Wegner, 1994) を生んだのではないかと考察している。リバウンド効果とは，特定の思考を抑制した後には，かえってその抑制対象となった思考を思い浮かべやすくなる現象である。この現象は，ある思考を抑制しようとする目標をもつとき，人の認知的メカニズムとして，抑制できているかどうかを監視するシステムが自動的に稼働し，抑制の対象となる思考のアクセシビリティが高まってしまう（つまり，容易に思いつきやすくなる）ために生じる。特に相互作用初期と後期はさまざまな活動のために認知資源が制限されるため，表層的ダイバーシティがもたらすステレオタイプや偏見を意図的に抑制しようとするほどリバウンド効果が強くなった結果，情緒的葛藤が増えたと考えられる。

[4] リーダーの信念や態度

　ここまでは，具体的なリーダー行動に焦点を当てた研究を紹介してきたが，リーダーの態度や信念も研究の対象になっている。変革型リーダーシップの中の 1 要素であるビジョナリー行動に焦点を当てた Greer, Homan, De Hoogh, & Den Hartog（2012）は，ビジョナリー行動を示すリーダーの集団カテゴリー化傾向の強さが重要であることを見出している。ビジョナリー行動は，理想的な将来像を創造し明言するリーダー行動であり，これを行うことによって，フォロワーは自分の仕事の位置づけを認識し，ビジョンを達成できるという信念を強めることになる。しかし，このビジョナリー行動には，リーダー自身の個人的な信念や価値が（無意図的に）反映される。チームのメンバーを内集団と外集団にカテゴリー化する傾向の強いリーダーは，ビジョンを伝える時に，チームメンバー自身の暗黙のカテゴリー化傾向を活性化する言葉と行動を（無意図的に）使用し，仕事の機会をあるサブグループだけに与えるというような方法でチームメンバーを意図的・無意図的に分割する可能性がある。実際，Greer et al.（2012）は，民族的ダイバーシティの高いチームにおいて，カテゴリー化傾向の低いリーダーがビジョナリー行動を示すほど，チーム内コミュニケーションが活性化され，財政的業績が高いという結果を得ている。反対に，リーダーのカテゴリー化傾向が高い場合は，ビジョナリー行動を示さないほどチームの財政的業績が高かった。

　Meeussen, Otten, & Phalet（2014）は，リーダーの多文化主義（multiculturalism）またはカラーブラインドネスの態度が文化的に多様なメンバーを含むチームに及ぼす影響を検討している。多文化主義とは，文化差を明白に認識してそれらを長所もしくは付加価値と考える視座である。このような視座からチームの統合を考えるとすれば，各サブグループはそれぞれの独自性を維持し，サブグループへのアイデンティティを維持したままで，共通の上位集団アイデンティティ（チーム全体に対するアイデンティティ）をもつよう推奨すること（Dovidio, Gaertner, & Saguy, 2007）に結びつく。もっともこの場合，マイノリティ・メンバーに価値が置かれるように見えるなら，マジョリティにとってはアイデンティティ脅威がもたらされることになる。一方，カラーブラインドネスとは，文化差を無視する一方，個々人の能力や類似性に焦点を当てることによって，

すべての人々の間の平等を強調する視座である。この視座からチームの統合を考えるとすれば，サブグループへのアイデンティティを弱めて共通の上位集団アイデンティティにのみ目を向けさせる再カテゴリー化（Gaertner & Dovidio, 2000）を推奨することに結びつく。しかし，この場合，サブグループ間に地位差があれば，高地位集団は自分たちのサブグループ・アイデンティティを上位集団に投影し，低地位集団を周辺メンバーとみなすようになるため，低地位集団のアイデンティティに脅威をもたらすことになる。文化的マイノリティ・メンバーを含む学生集団を対象とした調査から，リーダーの多文化主義はマイノリティ・メンバーの被受容感（集団から受け入れられているという感覚）を高めること，対照的に，リーダーのカラーブラインドネスはマイノリティ・メンバーの集団からの距離感や関係葛藤を高めることが明らかになった。文化的マジョリティ・メンバーに及ぼすリーダーの効果は有意ではなかった。

　ダイバーシティの高い集団に対峙するとき，リーダーの信念や態度は自覚せず行動に表れることがある。今後さらに，さまざまなリーダーの態度や信念の効果が検討されるべきであろう。

5.　まとめとパースペクティブ

　本章では，近年，わが国でも注目されている「ダイバーシティを活かした集団運営」に焦点を当て，欧米の知見を中心に紹介してきた。しかし，これまでの膨大な先行研究の知見は，ダイバーシティが諸刃の剣であること，そしてダイバーシティを生産的な方向に活かすためには特別な工夫が必要であることを示唆している。リーダーシップの効果に関する研究数も少なく，その知見も一貫しているとは言い難い状態にある。今後必要な研究の方向性について，3点述べておきたい。

　第1点は，既存のリーダーシップ概念にとらわれることなく，ダイバーシティを活かすために有効な新たなリーダーシップ概念を探究する必要があるということである。CEM に基づくと，リーダーがダイバーシティの高さを生産性や革新に結びつけるためには，サブグループ間の情緒的葛藤を抑制して肯定的な集団間接触を促進する包摂的な上位集団アイデンティティを構築すること，

およびあらゆる課題関連資源を徹底的に考慮させ，情報の精緻化を促進すること，という2つの機能を提供する必要がある。変革型リーダーシップや人間中心的リーダーシップなど，既存のリーダーシップ概念に関する研究知見には一貫しない部分もある一方，リーダーの包摂性に関する研究は，研究対象となっているフィールドやダイバーシティ特性が限られているとはいえ，その有効性がある程度一貫して示されている。今後は，ダイバーシティの高い集団を有効にすることに特化したリーダーシップ行動が追求される必要がある。その際，社会心理学分野で蓄積されてきた集団間葛藤研究の知見を援用することが効果的だと思われる。

　第2点は，リーダーの行動以外に特性や態度の効果が明らかにされるべきである。Greer et al.（2012）が示すように，リーダーの態度や信念は，リーダー自身が自覚することなくその行動に反映される可能性がある。リーダーの特定の態度や信念が，どのような形で行動化され，それがどのような影響をチームにもたらすのか，今後も探究される必要があるだろう。また，リーダー自身が女性や民族的マイノリティである場合のように，マイノリティ・サブグループや低地位集団の特徴を体現している場合は，集団典型性の問題を抱えることになり，マジョリティ・サブグループからの信用を得難いという問題が生じる可能性がある。この点についての詳細は，『社会心理学におけるリーダーシップ研究のパースペクティブⅠ』の第2章（坂田・高口, 2008）を参照されたい。

　第3点は，ダイバーシティとリーダーシップについて上記2点の検討をする際，ダイバーシティ特性やその特性に関する社会的文脈を考慮すべきであるということである。たとえば，チームにおける男性と女性の地位関係は，その組織の業種や課題の特性に影響されると同時に，社会全体における男女の地位差にも少なからず影響を受けると考えられる。その意味で，欧米におけるジェンダー・ダイバーシティの知見が日本におけるジェンダー・ダイバーシティの効果と同じであるとは限らないであろう。また，ジェンダーにはジェンダーに特有の，若者や高齢者といった年齢集団にはそれに特有のステレオタイプが存在している。そのため，それぞれの特性におけるダイバーシティの効果がすべて同一であるとは限らない。表層的ダイバーシティが社会的カテゴリー化過程を，深層的ダイバーシティが情報の精緻化過程を導くという単純な考え方は実証研

究によって否定されたが，それぞれのダイバーシティ特性の性質とその社会的
意味を十分に考慮しながら研究が進められるべきであろう。特に，研究対象と
なるフィールドや組織において，規範適合性や比較適合性の高い「有意味で顕
現的な特性」におけるダイバーシティに焦点が当てられるべきだと考える。

　なお，本章では，ユニットもしくは集団レベルのダイバーシティに焦点を当
て，組織レベルのダイバーシティに関する研究知見は取り上げなかった。しか
し，近年では，ある特性におけるユニットレベルのダイバーシティと組織レベ
ルのダイバーシティの交互作用効果についても言及され始めている。これらに
ついては今後の検討を待ちたい。

引用文献

Acar, F. P. (2010). Analyzing the effects of diversity perceptions and shared leadership on emotional conflict: A dynamic approach. *The International Journal of Human Resource Management, 21*, 1733-1753.

Bell, S. T., Villado, A. J., Lukasik, M., Belau, L., & Briggs, A. (2011). Getting specific about demographic diversity variable and team performance relationships: A meta-analysis. *Journal of Management, 37*, 709-743.

Bezrukova, K., Thatcher, S. M. B., & Jehn, K. A. (2007). Group heterogeneity and faultlines: Comparing alignment and dispersion theories of group composition. In K. J. Behfar & L. L. Thompson (Eds.), *Conflict in organizational groups: New directions in theory and practice* (pp. 57-92). Evanston, IL: The Northwestern University Press.

Blau, P. M. (1977). *Inequality and heterogeneity.* New York: Free Press.

Bowers, C., Pharmer, J. A., & Salas, E. (2000). When member homogeneity is needed in work teams: A meta-analysis. *Small Group Research, 31*, 305-327.

Brewer, M. B. (1991). The social self: On being the same and different at the same time. *Personality and Social Psychology Bulletin, 17*, 475-482.

Byrne, D. (1971). *The attraction paradigm.* New York: Academic Press.

Chattopadhyay, P., Tluchowska, M., & George, E. (2004). Identifying the ingroup: A closer look at the influence of demographic dissimilarity on employee identity. *Academy of Management Review, 29*, 180-202.

Choi, J. N., & Sy, G. (2010). Group-level organizational citizenship behavior: Effects of demographic faultlines and conflict in small work groups. *Journal of Organizational Behavior, 31*, 1032-1054.

Cronin, M. A., Bezrukova, K., Weingart, L. R., & Tinsley, C. H. (2010). Subgroups within a team: The role of cognitive and affective integration. *Journal of Organizational Behavior, 32,* 831-849.

De Dreu, C. K. W., & West, M. A. (2001). Minority dissent and team innovation: The importance of participation in decision making. *Journal of Applied Psychology, 86,* 1191-1201.

Díaz-García, C., González-Moreno, A., & Sáez-Martínez, F. J. (2013). Gender diversity within R&D teams: Its impact on radicalness of innovation. *Innovation: Management, Policy & Practice, 15,* 149-160.

Dovidio, J. F., Gaertner, S. L., & Saguy, T. (2007). Another view of "we": Majority and minority group perspectives on a common ingroup identity. *European Review of Social Psychology, 18,* 296-330.

Gaertner, S. L., & Dovidio, J. F. (2000). *Reducing intergroup bias: The common ingroup identity model.* Philadelphia, PA: The Psychology Press.

Greer, L. L., Homan, A. C., De Hoogh, A. H. B., & Den Hartog, D. N. (2012). Tainted visions: The effect of visionary leader behaviours and leader categorization tendencies on the financial performance of ethnically diverse teams. *Journal of Applied Psychology, 97,* 203-213.

Guillaume, Y. R. F., Brodbeck, F. C., & Riketta, M. (2012). Surface- and deep-level dissimilarity effects on social integration and individual effectiveness related outcomes in work groups: A meta-analytic integration. *Journal of Occupational and Organizational Psychology, 85,* 80-115.

Guillaume, Y. R. F., Dawson, J. F., Otaye-Ebede, L., Woods, S. A., & West, M. A. (2015). Harnessing demographic differences in organizations: What moderates the effects of workplace diversity? *Journal of Organizational Behavior, 38,* 276-303.

Harrison, D. A., & Klein, K. J. (2007). What's the difference? Diversity constructs as separation, variety, or disparity in organizations. *Academy of Management Review, 32,* 1199-1228.

Hirak, R., Peng, A. C., Carmeli, A., & Schaubroeck, J. M. (2012). Linking leader inclusiveness to work unit performance: The importance of team psychological safety and learning from failures. *Leadership Quarterly, 23,* 107-117.

Homan, A. C., & Greer, L. L. (2013). Considering diversity: The positive effects of considerate leadership in diverse teams. *Group Processes & Intergroup Relations, 16,* 105-125.

Homan, A. C., Hollenbeck, J. R., Humphrey, S. E., Van Knippenberg, D., Ilgen, D. R., & Van Kleef, G. A. (2008). Facing differences with an open mind: Openness to experience, salience of intragroup differences, and performance of diverse work groups.

Academy of Management Journal, 51, 1204-1222.

Horwitz, S. K., & Horwitz, I. B. (2007). The effects of team diversity on team outcomes: A meta-analytic review of team demography. *Journal of Management, 33,* 987-1015.

Jehn, K. A., & Bezrukova, K. (2004). A field study of group diversity, workgroup context, and performance. *Journal of Organizational Behavior, 25,* 703-729.

Jehn, K. A., & Bezrukova, K. (2010). The faultline activation process and the effects of activated faultlines on coalition formation, conflict, and group outcomes. *Organizational Behavior and Human Decision Processes, 112,* 24-42.

Jehn, K. A., & Rupert, J. (2008). Group faultlines and team learning: How to benefit from different perspectives. In V. I. Sessa, & M. London (Eds.), *Work group learning: Understanding, improving and assessing how groups learn in organizations* (pp.119-147). New York: Taylor & Francis Group/Lawrence Erlbaum Associates.

Joshi, A. A., & Roh, H. (2009). The role of context in work team diversity research: A meta-analytic review. *Academy of Management Journal, 52,* 599-627.

Kearney, E., & Gebert, D. (2009). Managing diversity and enhancing team outcomes: The promise of transformational leadership. *Journal of Applied Psychology, 94,* 77-89.

Kearney, E., Gebert, D., & Voelpel, S. C. (2009). When and how diversity benefits teams: The importance of team members' need for cognition. *Academy of Management Journal, 52,* 581-598.

Klein, K. J., Knight, A. P., Ziegert, J. C., Lim, B. C., & Saltz, J. L. (2011). When team members' values differ: The moderating role of team leadership. *Organizational Behavior and Human Decision Processes, 114,* 25-36.

Kunze, F., & Bruch, H. (2010). Age-based faultlines and perceived productive energy: The moderation of transformational leadership. *Small Group Research, 41,* 593-620.

Lau, D. C., & Murnighan, J. K. (1998). Demographic diversity and faultlines: The compositional dynamics of organizational groups. *Academy of Management Review, 23,* 325-340.

Lau, D. C., & Murnighan, J. K. (2005). Interactions within groups and subgroups: The effects of demographic faultlines. *Academy of Management Journal, 48,* 645-659.

Meeussen, L., Otten, S., & Phalet, K. (2014). Managing diversity: How leaders' multiculturalism and colorblindness affect work group functioning. *Group Processes & Intergroup Relations, 17* (5), 629-644.

Meyer, B., Shemla, M., & Schermuly, C. C. (2011). Social category salience moderates the effect of diversity faultlines on information elaboration. *Small Group Research, 42,* 257-282.

Mitchell, R., Boyle, B., Parker, V., Giles, M., Chiang, V., & Joyce, P. (2015). Managing inclusiveness and diversity in teams: How leader inclusiveness affects performance through status and team identity. *Human Resource Management, 54* (*2*), 217-239.

Nembhard, I. M., & Edmondson, A. C. (2006). Making it safe: The effects of leader inclusiveness and professional status on psychological safety and improvement efforts in health care teams. *Journal of Organizational Behavior, 27*, 941-966.

Nishii, L. H., & Mayer, D. M. (2009). Do inclusive leaders help to reduce turnover in diverse groups? The moderating role of leader-member exchange in the diversity to turnover relationship. *Journal of Applied Psychology, 94*, 1412-1426.

Pettigrew, T. F. (1998). Intergroup contact theory. *Annual review of psychology, 49*, 65-85.

坂田 桐子・高口 央 (2008). リーダーシップ過程における自己概念の役割—リーダーシップ過程の社会的アイデンティティ分析　坂田 桐子・淵上 克義 (編著) 社会心理学におけるリーダーシップ研究のパースペクティブ I (pp. 53-77)　ナカニシヤ出版

Seong, J. Y., & Hong, D. S. (2013). Gender diversity: How can we facilitate its positive effects on teams? *Social Behavior and Personality, 41*, 497-507.

Shin, S. J., & Zhou, J. (2007). When is educational specialization heterogeneity related to creativity in research and development teams? Transformational leadership as a moderator. *Journal of Applied Psychology, 92*, 1709-1721.

Shore, L. M., Randel, A. E., Chung, B. G., Dean, M. A., Ehrhart, K. H., & Singh, G. (2011). Inclusion and diversity in work groups: A review and model for future research. *Journal of Management, 37*, 1262-1289.

Sommers, S. R., Warp, L. S., & Mahoney, C. C. (2008). Cognitive effects of racial diversity: White individuals' information processing in heterogeneous groups. *Journal of Experimental Social Psychology, 44*, 1129-1136.

Tajfel, H., & Turner, J. (1986). The social identity of intergroup behavior. In W. A. S. Worchel (Ed.), *Psychology and intergroup relations*. Chicago: Nelson-Hall.

谷口 真美 (2008). 組織におけるダイバシティ・マネジメント　日本労働科学雑誌, *574*, 69-84.

Teachman, J. D. (1980). Analysis of population diversity. *Sociological Methods and Research, 8*, 341-362.

Thatcher, S. M. B., & Patel, P. C. (2012). Group faultlines: A review, integration, and guide to future research. *Journal of Management, 38*, 969-1009.

Tsui, A. S., & Gutek, B. (1999). *Demographic differences in organizations: Current research and future directions*. Lanham, MD: Lexington Books.

Turner, J. C., Hogg, M. A., Oakes, P. J., Reicher, S. D., & Wetherell, M. S. (1987). *Rediscovering the social group: A self-categorization theory*. Oxford, UK: Blackwell.

van Dijk, H., & van Engen, M. L. (2013). A status perspective on the consequences of work group diversity. *Journal of Occupational and Organizational Psychology, 86*,

223-241.

van Dijk, H., van Engen, M. L., & van Knippenberg, D. (2012). Defying conventional wisdom: A meta-analytical examination of the differences between demographic and job-related diversity relationships with performance. *Organizational Behavior and Human Decision Processes, 119*, 38-53.

van Knippenberg, D., De Dreu, C. K. W., & Homan, A. C. (2004). Work group diversity and group performance: An integrative model and research agenda. *Journal of Applied Psychology, 89*, 1008-1022.

van Knippenberg, D., & Schippers, M. C. (2007). Work group diversity. *Annual Review of Psychology, 58*, 515-541.

Webber, S. S., & Donahue, L. M. (2001). Impact of highly and less job-related diversity on work group cohesion and performance: A meta analysis. *Journal of Management, 27*, 141-162.

Wegge, J., Roth, C., Kanfer, R., Neubach, B., & Schmidt, K.-H. (2008). Age and gender diversity as determinants of performance and health in a public organization: The role of task complexity and group size. *Journal of Applied Psychology, 93*, 1301-1313.

Wegner, D. M. (1994). Ironic processes of mental control. *Psychological Review, 101*, 34-52.

Williams, K. Y., & O'Reilly, C. A. Ⅲ. (1998). Demography and diversity in organizations: A review of 40 years of research. *Research in Organizational Behavior, 20*, 77-140.

リーダーシップの倫理性と破壊性

坂田桐子

　従来のリーダーシップ研究では，主として「組織・集団にとって有効なリーダーシップとは何か」が追求されてきた。しかし，序章で述べられているように，過去 10 年間は，リーダーシップのダークサイド，すなわち上司による部下いじめや虐待，暴君のようにふるまうリーダーや違法行為に手を染めるリーダーなど，明らかに有害な影響を周囲に与えるリーダーや非倫理的なリーダー行動に注目が集まり，飛躍的に研究量が増えている。

　このような研究が増大している理由は，アメリカ（Tepper, Duffy, Henle, & Lambert, 2006）やノルウェー（Aasland, Skogstad, Notelaers, Nielsen, & Einarsen, 2010）など多くの国で破壊的リーダーシップが決して珍しくない現象であること，しかもそれらが部下に及ぼす甚大な悪影響が報告されていることにある。たとえば，Tepper et al.（2006）は，アメリカでは少なくとも 140 万人の労働者が虐待的な監督を受けており，それによって生じるコスト（従業員の離職や怠業など）は年間 238 億ドルに上ると見積もっている。

　わが国においても，この傾向は他人事ではない。2012（平成 24）年度に厚生労働省が実施した委託調査「職場のパワーハラスメントに関する実態調査報告書（概要版）」（東京海上日動リスクコンサルティング株式会社，2012）によると，企業内の相談窓口に寄せられる相談内容で多く取り扱っているテーマの上位 2 項目は，「メンタルヘルス」（32.7%）が最も多く，「パワーハラスメント」（22.0%）がそれに続くことが明らかになった。さらに，過去 3 年間に「パワハラを受けたことがある」との質問には従業員回答者全体の 25.3% が「経験あり」と回答しており，加害者 - 被害者の関係としては「上司から部下へ」（企業調査では 77.0%，従業員調査では 77.7%）が圧倒的に多いことが分かっている。こ

の調査におけるパワーハラスメントは，「同じ職場で働く者に対して，職務上
の地位や人間関係などの職場内の優位性を背景に，業務の適正な範囲を超えて，
精神的・身体的苦痛を与える又は職場環境を悪化させる行為」と定義されてお
り，その具体的内容として，「精神的な攻撃（脅迫・名誉毀損・侮辱・ひどい
暴言）」が55.6%と最も高く，次いで「過大な要求（業務上明らかに不要なこと
や遂行不可能なことの強制，仕事の妨害）」(28.7%)，「人間関係からの切り離し
（無視される，一人だけ食事会などに誘われないなど）」(24.7%) と続いている。
次節で述べるように，これらのパワハラ行為は破壊的リーダーシップの定義に
重なる部分が多い。無論，従業員を対象とした調査の結果は，従業員の主観的
な回答に基づくものであることから，社会通念上「パワハラ行為があった」と
認定できないものが含まれる可能性はある。しかし，そのような可能性を差し
引いても，わが国において日常的に上司の破壊的行為の犠牲になっている従業
員が決して少なくないことが推測される。
　本章では，まず破壊的リーダーシップに関する研究知見を紹介する。その
後，リーダーの倫理性に関する研究を，リーダーの倫理的意思決定に関する研
究，および近年研究量が急増している倫理的リーダーシップ（Brown, Treviño,
& Harrison, 2005）概念を用いた研究に絞って概観する。最後に，今後必要な
研究の方向性について考える。

1. 破壊的リーダーシップ

[1]「破壊的」リーダー行動研究の経緯

　2007年に，*Leadership Quarterly* 18巻3号において "destructive leadership"
に関する特集が行われて以来，destructive leadership という用語をタイトル
とした論文が数多く発表されてきた。しかし，リーダーシップのダークサイド
に関する研究は，2007年以前にもなかったわけではない。その1つは，カリ
スマ性のダークサイドに関する議論である（House & Howell, 1992; O'Connor,
Mumford, Clifton, Gessner, & Connelly, 1995）。カリスマ的リーダーシップには，
社会志向的なものと個人志向的なものがある。社会志向的なカリスマ的リーダ
ーシップは，平等主義的に行動し，リーダー自身の自己利益よりも集団の利益

のために働き，他者に権限委譲し他者の能力を開発するリーダーシップである一方，個人志向的なカリスマ的リーダーシップは，支配的かつ権威主義的に行動し，自己利益と自己の権力強化のために働き，他者を搾取するリーダーシップである（House & Howell, 1992）。この分類では，影響力や影響戦術行使の目標が組織・集団利益でなく自己利益にある個人志向的なカリスマ的リーダーシップが破壊的であると想定されており，第1章で述べるように，近年の勢力研究では実際に個人志向的な勢力者が破壊的行為に向かいやすいことが実証されている。

　その他にも，破壊的リーダー行動に関する諸概念は数多く提唱されている。表8-1にその代表的なものを示す。これらの中で，最も実証研究の数が多いのは，虐待的監督（abusive supervision; Tepper, 2000）であろう。表8-2に示した虐待的監督の測定尺度を見ると，先述したパワーハラスメントの「精神的な攻撃」と重なる部分が多い。破壊的リーダーシップの効果に関する近年のメタ

表 8-1　破壊的リーダーおよびリーダーシップ行動を捉えた構成概念

概念	定義	提唱者
小暴君 (petty tyranny)	管理者による，過酷で，気まぐれで，悪意ある勢力と権威の使用	Ashforth（1997）
虐待的監督 (abusive supervision)	上司が敵対的な言語的・非言語的行動（身体的接触を除く）を持続的に示す程度に関する部下の知覚	Tepper（2000）
社会的侵害 (social undermining)	「肯定的対人関係，仕事関連の成功，及び好ましい評判を確立したり維持したりすることを，妨害することを意図した」上司の行動	Duffy, Ganster, & Pagon（2002）
嫌悪的リーダーシップ (aversive leadership)	威嚇，処罰，叱責を多用する行動	Bligh, Kohles, Pearce, Justin, & Stovall（2007） Pearce & Sims（2002）
有害なリーダー (toxic leaders)	さまざまな恥ずべき行動（腐敗，偽善，破壊活動，操作，非倫理的，違法，犯罪的な行為）を行い，それを隠すことによって高潔でない行動をとるリーダー	Lipman-Blumen（2004）
自己愛的リーダーシップ (narcissistic leadership)	リーダーの行為が基本的に極端に自己中心的な欲求と信念によって動機づけられており，それが組織および組織構成員の要求や利益を凌駕するときに生じるリーダーシップ	Rosenthal & Pittinsky（2006）

表 8-2   虐待的監督尺度（Tepper, 2000）

私の上司は……
 1 私を嘲笑する
 2 私の考えや感情がばかげていると言う
 3 私を黙殺する
 4 他者の前で私をこき下ろす
 5 私のプライバシーを侵害する
 6 私の過去の間違いや失敗を私に思い出させる
 7 私がとても努力した職務の功績を認めない
 8 自分の厄介ごとを切り抜けるために私を非難する
 9 約束を破る
10 別の理由で不機嫌なときに，私に八つ当たりする
11 私に関する否定的なコメントを他者に言う
12 私に対して無礼だ
13 私が協働者と相互作用することを許さない
14 私のことを無能だと言う
15 私に嘘をつく

回答は下記の 5 ポイントスケール
  1. 上司が私にこのような行動をしたことは記憶にない
  2. 上司が私にこのような行動をとることは滅多にない
  3. 上司は私にときどきこのようなことを行う
  4. 上司は私にこのようなことをしばしば行う
  5. 上司は私にこのようなことを頻繁に行う

分析（Schyns & Schilling, 2013）では，その分析対象となった論文の多く（35 ケース）が虐待的監督の概念とその測定尺度（Tepper, 2000）の全部もしくは一部を使用している。それによると，虐待的監督は，部下の上司に対する肯定的態度（信頼や好意など）とやや強い負の相関（$r=-.521$）を，部下のウェルビーイングとは中程度の負の相関（$r=-.366$）を示すとともに，部下の反生産的行動やネガティブ感情，および部下のストレスとは $r=.314 \sim .395$ の正の相関を示している。

　その後，*Leadership Quarterly* における 2007 年の特集号において，表 8-1 に示すようにさまざまに異なる，しかし相互に強く関連すると思われる構成概念を包括する "destructive leadership" の定義が提唱された。次節では，破壊的リーダーシップの定義とともに，先行研究の展望に基づいた 2 つの理論モデルについて述べる。

［2］破壊的リーダーシップの定義とモデル

　破壊的リーダーシップの定義には困難が伴う。Padilla, Hogan, & Kaiser (2007) は，カリスマ性のダークサイドに関する議論や自己愛的リーダーに関する諸研究を参照し，破壊的リーダーシップの定義を試みている。

1）Padilla et al.（2007）の有害なトライアングル・モデル

　リーダーシップとは，本来，集団パフォーマンスのための機能的資源とみなすことができ，個々人が短期的な自己利益を抑制して長期的な集団目標達成に貢献するように影響を及ぼすことである。したがって，リーダーシップ効果性は，集団目標がどの程度うまく達成されるかに関わる（e.g., Hogan et al., 1994）。Padilla et al.（2007）は，このような観点から，リーダーシップが建設的か破壊的かを決定するものは長期の集団パフォーマンスであり，破壊的リーダーシップはネガティブな組織成果をもたらすものと考えた。そして，次の5つの特徴の点で破壊的リーダーシップを定義した。①破壊的リーダーシップは，完全に破壊的であることは滅多になく，大抵の場合は良い結果と悪い結果の両方を伴う。たとえば，尊大で自己愛的なリーダーが組織に役立つ業績を挙げることもあれば，尊敬される良いリーダーが失敗して組織に損失を与えることもある。②破壊的リーダーシップのプロセスには，影響や説得やコミットメントよりも，支配や強制や操作が含まれる。③破壊的リーダーシップのプロセスは自己中心的であり，社会的集団の欲求よりもリーダー自身の欲求に焦点を当てる。④破壊的リーダーシップの効果とは，構成員の（組織内外の）生活の質を低下させ，組織の主目的を損なうことである。⑤破壊的な組織の成果は，もっぱら破壊的リーダーの結果というわけではなく，その影響を受けやすいフォロワーやそれを助長する環境の産物でもある。

　この定義の中で特徴的な観点は⑤，すなわち破壊的な組織成果はリーダーだけでなく，フォロワーの要因や環境の要因が複雑に関わって生じると考える点である。Padilla et al.（2007）は，先行研究を概観し，具体的な要因を，有害なトライアングル（the toxic triangle）として提唱している（図9-1）。なお，モデルの提唱にあたって Padilla et al.（2007）が参照している先行研究の多くは，カリスマ的リーダーのダークサイドに関する研究や，歴史上のカリスマ的リーダーの分析研究であることに注意が必要である。そのため，提唱されている要因

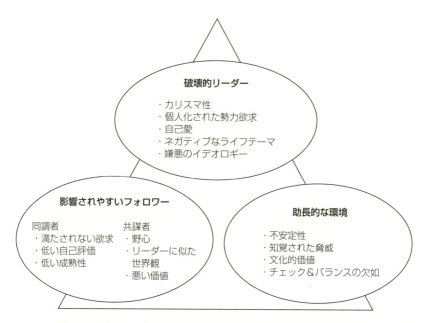

図 8-1　破壊的リーダーシップと関連する 3 領域の要素 (Padilla et al., 2007)

のすべてが企業組織やビジネス上の破壊的リーダーに適用可能かどうかは，今後検討される必要があると考えられる。

2) Einarsen et al. (2007) の 2 次元モデル

　一方，Einarsen, Aasland, & Skogstad (2007) は，異なる角度から破壊的リーダーシップを定義した。表 8-1 に示すようなさまざまな関連概念を概観したうえで，破壊的リーダーシップを「組織の目標，課題，資源，効果性，および／または部下のモチベーション，ウェルビーイング，職務満足度を衰えさせたり妨害したりすることによって組織の正当な利益を侵害するような，リーダーや上司や管理者のシステマティックに繰り返される行動」と定義している。この定義では，部下に対する行動と組織そのものに対する行動という 2 つの領域を含む。また，あらゆる身体的および言語的行動を含み，能動的で直接的行動だけでなく受動的で間接的な行動も含む。この定義の特徴的な点は，①「システマティックに繰り返される行動」をターゲットとしており，単発的な不品行は含めないこと，②破壊的行動の成果として，「組織の正当な利益（組織の財政

的，物質的，人的資源の最適な使用）の侵害」という概念を導入していること，
③他者や組織を害する意図の有無にかかわらない（無知や無能や不注意も破壊
的行動に含める）こと，である。②の「組織の正当な利益」とは抽象的な概念
であるが，Einarsen et al.（2007）は次のような例を挙げている。たとえば，私
的なディナーにかかった経費を組織に請求する習慣をもつような組織で，誰か
が自分の夕食代を組織に請求したとしたら，その行動は組織規範に従ったもの
であって逸脱行動ではないことになる。しかし，正当な利益という定義に照ら
せば，この行為は破壊的行動に含まれる。「組織の財政的，物質的，人的資源の
最適な使用」という正当な利益を侵害する行為だからである。ただし，何が組
織の資源の正当な使用になるのかは，法的，歴史的，文化的文脈によって変わ
る。たとえば，公共の建物内の喫煙を禁止する法律が施行される前ならば，オ
フィスでの喫煙は破壊的行動ではないが，それが施行された後は組織の正当な
利益を侵害する行動になる。

　さらに，Einarsen et al.（2007）は，「人への関心」と「生産性への関心」とい
う2軸で構成されるマネジリアル・グリッド（Blake & Mouton, 1964）の枠組
みを破壊的行動にまで拡張し，図8-2のモデルを提唱した。部下志向性の次元
は，リーダーの行動が向部下的か反部下的かの次元である。反部下的行動とは，
部下のモチベーションやウェルビーイングや職務満足を低下させることによっ
て組織の正当な利益を侵害する行動であり，向部下的行動とは部下をサポート
することによって部下のモチベーションやウェルビーイングを促進する行動で

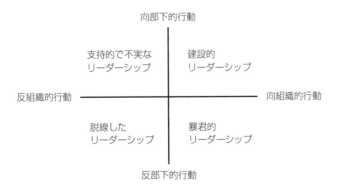

図8-2　破壊的・建設的リーダーシップ行動のモデル（Einarsen et al., 2007）

ある。組織志向性の次元は，リーダーの行動が向組織的か反組織的かの次元である。反組織的行動とは，組織目標に反する目標の追求や，組織目標の達成を怠ること，および組織から物や金銭や時間を盗むことなどによって，組織の正当な利益を侵害する行動であり，向組織的行動とは，組織目標の達成や明確な目標設定，戦略的意思決定や組織変革の実行などを含む。これら2次元の組み合わせによって4タイプのリーダーシップが特定できるが，このうち暴君的リーダーシップ（tyrannical leadership），支持的で不実な（supportive-disloyal）リーダーシップ，脱線した（derailed）リーダーシップの3つはいずれも破壊的リーダーシップであり，向部下的であり向組織的な象限のリーダーシップだけが建設的リーダーシップである。以下，Einarsen et al. (2007) に基づいて，この4タイプのリーダーシップを簡単に説明する。

　暴君的リーダーシップとは，組織の目標や戦略に即して行動するが，結果を得るために部下を犠牲にするリーダーシップである。部下に仕事を全うさせるために，部下を侮辱し，過小評価し，操作する。暴君的リーダーはそうすることが部下に努力させるのに有効だという信念をもっていることがあり，このような横暴なやり方を巧妙に正当化する能力をもつ。部下の健康を危険にさらすリーダーであり，虐待的監督（Tepper, 2000）や小暴君（Ashforth, 1994）などの概念がこれと類似している。ただし，この種のリーダーは，必ずしも他の対人関係（消費者やビジネスパートナーや上司）においても破壊的だとは限らず，並外れた業績を上げることも多い。そのため，暴君的リーダーに対する部下と上司の評価は全く異なり，上級管理者は，暴君的リーダーに対して少なくとも短期間は寛容であると考えられる。

　一方，支持的で不実なリーダーシップは，組織の利益を犠牲にして従業員に恩恵を与えようとする。マネジリアル・グリッドの「カントリークラブ・マネジメント」と同じであり，部下との友情の確立を最優先するタイプである。このタイプのリーダーは必ずしも意図的に組織を妨害しようとしているわけではない。むしろ，組織のためになる行動と信じて，組織目標とは異なるビジョンのもとに動いている場合もある。このタイプのリーダーは，部下と友好的な関係をつくろうとするあまり，部下の手抜きや不品行を奨励することになり，結果的に組織の物質的・時間的・経済的資源を奪うことになる。部下からは人気

があるかもしれないが，この種のリーダーの行動は組織の正当な利益を害する
ものであり，破壊的である。

　脱線したリーダーシップは，組織に対しても部下に対しても破壊的なリーダ
ーシップである。部下を虐待し，操作し，欺く一方で，怠業や責任逃れ，不正や
窃盗など反組織的行動も示す。この中には，新しい状況への適応ができないこ
とや必要なマネジメントスキルを開発できないなど，リーダーの適応の失敗に
よるものも含まれるが，リーダーの利己的な欲求に基づくものも含まれる。こ
れと正反対なリーダーシップが建設的リーダーシップである。建設的リーダー
は組織の正当な利益に沿って行動し，組織の資源を最適な形で使用すると同時
に，組織の目標や課題や戦略に資するように行動する。また，意思決定に参加
させるなどして部下のモチベーションやウェルビーイングや職務満足をも高め
る。

　なお，放任的リーダーシップを破壊的リーダーシップに含めるかどうかにつ
いては研究者によって見解が異なるが，Einarsen とその共同研究者たちは，後
に放任的リーダーシップを図 8-2 の 2 軸が交差する中央部分に位置づけている
（Aasland et al., 2010）。そして，Aasland et al.（2010）は，ノルウェーの労働
者を対象とした調査（N=2539）から，回答者の 33.5%が，過去 6 か月間に少
なくともどれか 1 つの破壊的リーダーシップを「非常にしばしば」または「い
つも」経験していることを見出した。中でも，最も体験頻度の多かったものは
放任的リーダーシップ（21.2%）であり，次いで支持的で不実なリーダーシッ
プ（11.6%），最も体験頻度の少なかったものは暴君的リーダーシップであった
（3.4%）。

　ここでは，主に Padilla et al.（2007）および Einarsen et al.（2007）の定義と
モデルについて紹介した。これらの研究者を含む破壊的リーダーシップの研究
者の多くに共通する見解は，破壊的リーダーが全ての側面において破壊的であ
ることは滅多にないこと，すなわち破壊性と建設性の両方が高いリーダーがあ
り得ると想定していることである。実際，Schriesheim & Neider（2010）は，虐
待的監督と支持的監督は同じ連続体の両極なのか別の構成概念なのかを検討し，
両者は独立した概念であることを見出している。

［3］破壊的リーダーシップ行動の予測因

　破壊的リーダーシップはどのようなリーダーや状況のもとで生じるのだろうか。Einarsen et al.（2007）が提唱するように，破壊的リーダーシップには複数の形態があり得るが，実証研究は虐待的監督に関するものが最も多い。Zhang & Bednall（2015）は，虐待的監督（Tepper, 2000）に関する74研究についてメタ分析を行い，その予測因との関連を検討した。主な結果を概観してみよう。まず，上司要因として，上司の（知覚された）手続き的公正（r=-.21）と相互作用的公正（r=-.43）が虐待的監督と負の，上司自身のネガティブ感情やネガティブ経験（関係葛藤など），およびストレスが虐待的監督と正の関連（r=.16 ～ .33）を示した。また，上司の情動的知性は虐待的監督と負の関連（r=-.43）を示したが，著者らの予測に反して，マキャベリズムと勢力はいずれも有意な関連を示さなかった。組織要因として，組織の攻撃的規範（逸脱行為への承認や敵対的な風土など）は虐待的監督と正の（r=.38），組織の（逸脱行動に対する）制裁は負の相関（r=-.32）を示した。部下要因として，部下のネガティブ感情，勢力距離，ナルシシズムは虐待的監督と正の相関（r=.26 ～ .32）を示した。ネガティブ感情の強い部下はそうでない部下に比べて，上司の曖昧な行動を虐待的と認知しやすく，否定的な出来事を記憶にとどめやすい（e.g., Aquino & Thau, 2009）。勢力距離は文化的特性と考えることができるが，勢力距離を高く知覚する部下は上司の虐待的監督を受容しやすいと考えられる（e.g., Lin, Wang, & Chen, 2013）。これらは，Padilla et al.（2007）が指摘するように，破壊的リーダーシップ行動にフォロワー側の要因も関わることを示す知見であると考えられる。

　このメタ分析では，いくつかの調整効果も見出された。たとえば，サンプルに占める男性割合が高いほど，上司の相互作用的公正と虐待的監督の負の関連が強く，サンプルに占める女性の割合が高いほど，また評定対象の上司と部下の付き合いが長いほど，上司の情動的知能と虐待的監督の負の関連が強い。さらに，予測因と虐待的監督の測定時点が同じか異なるかが調整効果を示しており，部下のネガティブ感情と虐待的監督の正の関連は，異なる時点で測定された場合の方が強く，上司の非倫理的リーダーシップと虐待的監督の正の関連は異なる時点で測定された場合の方が弱かった。このメタ分析に含まれた研究の

多くは横断的研究であったため，全体的に関連の大きさは実際よりも増幅されている可能性は否定できない。

　これらの結果の注目すべき点は，上司のネガティブ経験やストレスが虐待的監督と関連していること，部下の特性も上司の虐待的監督を助長する（あるいは曖昧な行動を虐待的と認知させる）要因となり得ること，また，組織の規範や制度が虐待的監督を助長または抑制する要因になり得ることである。上司自身が理不尽な体験をしたり過度なストレスに陥ったりすることがないように組織全体を公正に運営することや，逸脱行動に対する制裁システムを組織が備えることによって，虐待的監督を抑制できる可能性をうかがわせる。

2. リーダーもしくはリーダーシップの倫理性

　ここでは，最初に社会心理学における近年の道徳研究の動向について簡単に述べた後，リーダーもしくはリーダーシップの倫理性に関する2種類の研究に焦点を絞って概観する。1つは，リーダー自身の倫理性，すなわちリーダーの倫理的意思決定に関する研究である。ビジネスにおける倫理的意思決定研究は数多く蓄積されているが，ここでは特にリーダーや管理者を参加者とした研究のうち，最近のものを紹介する。もう1つは，従業員を倫理的にするための「倫理的リーダーシップ」に関する研究である。倫理的リーダーシップの概念定義や測定の試みは2000年代半ば以降から盛んになり，その測定尺度を用いた研究も蓄積されつつある。倫理的リーダーシップの定義とその効果について概観する。

［1］近年の社会心理学における道徳研究
　倫理性や道徳性を定義することは非常に難しい。しかし，多くの研究者は，倫理性や道徳性を，「正しい（善い）」行いや「間違った（悪い）」行いの基準を示すものとみなしていると言ってよいであろう（e.g., Cohen, Panter, Turan, Morse, & Kim, 2014）。具体的にどのような基準をもって倫理的（または非倫理的）と判断されるのか，という点について，道徳基盤理論（e.g., Haidt, 2007）では，進化の観点から，ヒトが利己性を抑制し，他者との協力や集団の

維持を可能にするための規制に関わるものが道徳基準になっていると想定する。そのような道徳意識の基盤として，他者に危害を加えない（擁護する）こと（care），公正であること（fairness），内集団への忠誠（ingroup），権威への敬意（authority），および純潔と神聖さ（purity）が挙げられており，特に擁護と公正はどのような文化でも普遍的に道徳性の基盤になっていることが指摘されている。他に，関係モデル理論（Rai & Fiske, 2011）では，社会的関係性の維持や発展に寄与する要因が「道徳的」と判断されることを想定している。関係性には共同体的な共有関係，権威による階層，平等原則によって資源を配分する関係，および市場価値を巡る競争関係，の4類型があり，どの関係性の心的モデルが活性化するかによって道徳的動機が異なるため，「道徳的」と判断される行動も異なるという。近年の道徳研究において中心的な位置を占めるこれら2つの理論は，いずれも倫理性を「社会的関係の調整機能」を有するものとして捉えていると言ってよいであろう。

　一方，道徳判断における意思決定過程のモデルについても，近年，大きな理論的発展があった。従来は，Kohlberg（1969）の認知的道徳発達モデルに代表されるように，道徳判断を論理的推論と熟考のプロセスとして捉えるものが多かった。道徳判断が論理的に熟考して行われることを想定する多くの研究では，その状況に道徳問題があることへの気づき（aware）→道徳判断（judgement）→道徳的であろうとする意図や動機づけ（intent）→意図に基づいた行動（behavior），という4段階（Rest, 1986）を想定しており，各段階に影響を及ぼす要因を探る研究が数多く蓄積されている（詳細は Craft, 2013）。

　しかし，認知心理学や社会心理学の領域では，人の情報処理過程が自動的過程と統制的過程という2つの過程から成り立つことが明らかにされてきた。自動的過程とは，既有の知識の枠組みを用いたパターン認識のような形で素早く認知的労力をかけずに判断する過程であり，統制的過程とは熟考や論理的推論という形で認知資源を費やす判断過程である。自動的過程は「直観」や「無意識（無自覚）」の過程であり，統制的過程は「理性」や「意識（自覚）」の過程であると言い換えてもよいであろう。道徳判断にこの二過程モデルを適用したものが社会的直観者モデル（Haidt, 2001）である。人はまず直観的に道徳判断を行い，その後で熟考によってその理由を説明することが多い。たとえば，「国

旗を切り裂いてトイレ掃除に使う」（道徳基盤理論における「内集団への忠誠」に反する行為）などのシナリオを読んだ実験参加者は，それが誰にも害を与えない行為であるにもかかわらず，直観的に「不道徳」と判断し，その理由を後から探すのである（Haidt, Koller, & Dias, 1993）。従来の道徳研究が想定してきた理性的推論や熟考は常に道徳的な結論や行動をもたらすとは限らない。実際，熟考か直観かのいずれかを操作によって活性化させた実験では，熟考条件の方が直観条件より実験パートナーを欺く行動が多かったことが報告されている（Zhong, 2011）。

［ 2 ］ リーダーの倫理的意思決定

　ビジネスにおける道徳判断や倫理的意思決定に関する研究知見は膨大であり，既にいくつかの系統的な展望論文が発表されている（1978 年から 1992 年までに発表された論文については Ford & Richardson, 1994; 1992 年から 1996 年までの論文については Loe, Ferrell, & Mansfield, 2000; 1996 年から 2003 年までの論文については O'Fallon & Butterfield, 2005; 2004 年から 2011 年までの論文については Craft, 2013 がそれぞれ展望している）。2004 年以降の論文に絞ると，意思決定者自身の性別や年齢などデモグラフィック要因の他，道徳哲学や価値志向性，倫理綱領の有無，組織特徴や組織文化，および賞罰システムなどがどのように意思決定に影響するかが検討されている（Craft, 2013）。

　その中でも，特に「リーダーの」倫理的意思決定の規定因については，①リーダーの個人特性やリーダーとフォロワーの個人特性の組み合わせの影響，②リーダーが置かれている状況の影響，そして数はまだ少ないが③社会的直観者モデルに基づく道徳的直観と熟考，などについて研究されている。

1）個人特性

　非倫理的な意思決定をしやすい個人特性として，マキャベリズムやナルシシズムが挙げられている。マキャベリズムは自分の政治的目的を達成するためにはどのような手段を使うことも厭わない狡猾で操作的なパーソナリティであり，マキャベリズムの高いリーダーは向社会的価値や組織的関心が低い。ナルシシズムは傲慢で自己愛と敵意が強いパーソナリティであり，情報を自分に都合よく解釈し，自分の評判を高めるような意思決定をする傾向がある（Judge,

Piccolo, & Kosalka, 2009)。

　また，非倫理的特性の1つに社会的支配志向性がある。社会的支配志向性とは，個人が社会における集団間の階層性を志向する程度（Pratto, Sidanius, Stallworth, & Malle, 1994）であり，社会的支配志向性が高い人はナショナリズムを支持する程度が高く，反平等主義的であるなど，集団をベースとした偏見や支配的態度を説明する概念とされてきた。しかし，近年では，対人的な支配傾向や非共感性とも関連することが示されている（e.g., Duckitt, 2001）。Son Hing, Bobocel, Zanna, & McBride（2007）は，社会的支配志向性の高い参加者にリーダー役割（ジェネラルマネージャー）を付与し，「会社の幹部からの不興を買う危険を冒して，男性部下からセクシャルハラスメントを受けている女性管理職を擁護するか」「儲かるが副作用の危険の高い高齢者向けの新しい薬を販売し続けるかどうか」といった倫理的ジレンマを伴うインバスケット課題において意思決定を行わせた。これらの倫理的ジレンマは，いずれも自社（もしくは自分）利益の最大化と倫理的決定とのトレードオフであり，自社利益の最大化のためには弱者集団（女性や高齢者）を犠牲にすることになる。仮説を知らない判定者が意思決定の内容分析を行ったところ，社会的支配志向性の高いリーダーは非倫理的な決定を行うことが有意に多いことが示された。さらに，社会的支配志向性の高いリーダーと右翼的権威主義傾向の高いフォロワーのペアは，右翼的権威主義傾向の高いリーダーと社会的支配志向性の高いフォロワーのペアに比べて非倫理的な決定を下すことが示された。

2）状況の影響

　リーダーの意思決定を非倫理的にする状況要因についてもいくつか検討されている。1つは，相互作用の相手である。学生を架空の広告会社の管理者役とした実験から，相互作用の相手が権威者（上司）である場合は，同僚や部下の場合に比べて非倫理的な決定をすることが示されている（Stenmark & Mumford, 2011）。

　リーダーの役割に必然的に伴う要因の1つが勢力である。勢力が勢力保持者自身に及ぼす影響については第1章で詳細に述べられているが，Maner & Mead（2010）は，リーダーが自分の勢力を自己利益のために使うか集団の利益のために使うかを決定する社会的文脈および個人要因を検討した。支配動機

（自分とフォロワーの階層差を維持しようとする動機）が強いリーダーは，自分のリーダーシップポジションが不安定な場合には勢力の維持動機が強くなり，課題の達成に有用な手がかりを集団メンバーに与えず，有能な集団メンバーを排除した。しかし，他集団との競争がある状況下ではこのような関連はなくなった。この研究から，支配動機の高いリーダーは，勢力維持動機が強まる状況下で非倫理的になりやすいことが示唆される。

　また，リーダーという役割になるとメンバーのときに比べて集団目標に価値を置くようになり，集団目標の価値の高さは非倫理的意思決定を助長すること，そしてこの集団目標の価値の効果は勢力の効果とは異なる独自の効果であることが示されている（Hoyt, Price, & Poatsy, 2013）。さらに，集団のメンバーの役割を与えられた場合には，相互依存的自己概念が高い人ほど意思決定の非倫理性が低いのに対し，リーダー役割を与えられた場合はこの関連が弱くなることも示されている（Hoyt & Price, 2015）。

3）道徳的直観と熟考

　社会的直観者モデルに基づいて，道徳的直観についても研究が始まっている。道徳的直感（moral intuition）とは，証拠の熟慮や推論などの自覚的体験を伴うことなく，人の特性や行為に対する評価的感情が突然意識上またはその周辺に現れる，素早く自動的な感情を帯びたプロセス（e.g., Haidt, 2007）である。道徳的直観の基礎をなす内容の多くは，記憶内に概念間の連合として貯蔵されていると考えられており，このような連合が文脈的手がかりによって活性化されると，それが行動に影響することが示されている（e.g., Bargh, 1997）。選択的注意および道徳的行動に対しては，潜在的態度（連合）の方が顕在的態度より影響が大きい（Marquardt, 2010）。このような自動的な行動は，行動規範が明確でない状況の下で起きやすい（e.g., Greenwald, Uhlmann, Poehlman, & Banaji, 2009）。Reynolds, Leavitt, & DeCelles（2010）は，「ビジネスは本質的に倫理的なものである」という暗黙の信念に注目した。この信念は，競争，株主の利益，財政的業績の最大化といった資本主義的価値を道徳的に正しいものとみなし，正当化する信念である。そのため，「ビジネス」と「倫理性」の連合の強さは，ビジネス課題における非倫理的な行動と関連することが予想される。参加者は，潜在的連合を測定する一般的な方法である Implicit Association

Test（IAT: Greenwald, McGhee, & Schwartz, 1998）によって「ビジネス」と「倫理性」との連合の程度を測定された後，インバスケット課題を行った。この課題において，参加者は架空の会社のマネージャーとしてCEOからのメモを受け取った後，配送中に破損した自社商品の保険金請求を行うように指示された。CEOからのメモは文脈的手がかりの操作であり，競争や成功を強調する条件と価値や道徳を強調する条件があった。結果は予測どおり，文脈的手がかりが競争的である場合に，「ビジネス」と「倫理性」の連合が強い参加者ほど，ブラックマーケットにおける違法な商品価格に基づいて保険金を請求する（つまり，非倫理的行動を選択する）ことが示された。

　Leavitt & Aquino（2015）は，モラル・アイデンティティの役割に注目した。モラル・アイデンティティとは，道徳的特性（公正，親切，など）が相互に連合し，道徳的目標や道徳的行動スクリプトとも結びついたネットワークによって構成されるスキーマと定義される（Aquino & Reed, 2002）。プライミングによってモラル・アイデンティティが活性化されれば，「ビジネス」と「倫理性」の暗黙の連合が弱まり，倫理的関心の範囲が広がる，すなわち，株主の利害だけでなく，外的ステークホルダーの利害や価値など広範囲の道徳的関心を高めることが予測された。実験の結果，架空の企業のシナリオを読んで自分がその企業の新任マネージャーであることを想像するとともに，道徳的な単語を含んだ文章構成課題によってモラル・アイデンティティを活性化させられた参加者は，「この架空の企業の管理者として責任を感じる集団」として，株主や自社内の関係者だけでなく，他社従業員なども含むより広範囲のステークホルダーを挙げたのである。

　熟考のプロセスで問題になるのは，意思決定の主体に「熟考を可能にする認知（注意）資源や自己制御資源があるかどうか」である。自己制御資源が枯渇すると，人は他者を欺いたり，攻撃的にふるまうことが実証されている（e.g., DeWall, Baumeister, Mead, & Vohs, 2011）。実際，注意資源容量の高いリーダーは効果的な自己制御ができるため，虐待的監督を行う程度が低いことが示されている（Collins & Jackson, 2015）。しかし，モラル・アイデンティティが高いリーダーは，倫理的行動を頻繁に行うので，それが自動化し（つまり直観として機能し），自己制御資源の枯渇の影響を受けにくくなるはずである。

Joosten, van Dijke, Van Hiel, & De Cremer（2014）は，学生を参加者とした実験および管理職への調査によって，この予測が正しいことを示した。すなわち，モラル・アイデンティティが低いリーダーは自己制御資源が枯渇するほど逸脱行動の頻度が高いのに対して，モラル・アイデンティティが高いリーダーは自己制御資源が枯渇しても逸脱行動は低いままであった。

　以上のように，社会的支配志向性やマキャベリズムなどリーダーの個人特性，またはリーダーとフォロワーの個人特性の組み合わせがリーダーの非倫理的な意思決定を助長し得ることが示されている他，勢力や集団目標への価値など，リーダー役割に必然的に伴う要因が非倫理的意思決定を助長しかねないことも示された。また，リーダーのビジネスに対する特定の考え方が直観として機能し，特定の状況下でそれらが駆動することによって，リーダー自身が自覚することなく非倫理的意思決定を行う可能性も示された。しかし，リーダーがモラル・アイデンティティを高めることによって，非倫理的意思決定は抑制できることも示唆されている。リーダーの個人特性などを扱った研究に比べ，二過程モデルに基づくリーダーの倫理的意思決定過程に焦点を当てた研究はまだ少ないが，道徳的直観として機能し得る暗黙の信念の種類の解明や，熟考によって倫理的な判断と行動が促進・抑制されるメカニズムなど，今後明らかにされるべき点は多いと言えよう。

［3］倫理的リーダーシップ

　倫理的リーダーシップ（ethical leadership）について，現在までのところ最も広く受け入れられている定義は，「個人的行為と対人関係を通じて規範的に適切な行いを示すとともに，双方向のコミュニケーションや強化や意思決定を通じてそのような行いをフォロワーにも奨励すること」（Brown et al., 2005）というものであろう。Brown & Treviño（2006）によれば，倫理的リーダーシップには，重要な2つの側面がある。その1つはモラル・パーソンの側面であり，倫理的リーダーは，多くの場合，自制力をもち，公正で，信頼できる人物である。もう1つはモラル・マネージャーの側面である。リーダーは，配慮と関心をもってフォロワーに接し，重要な倫理的価値をフォロワーに伝え，賞罰を用いて高い倫理的基準を推奨し，自身が道徳的ロールモデルとなることによ

表 8-3   倫理的リーダーシップ尺度（Brown et al., 2005: 邦訳は渡邊, 2010）

1	部下の言いたいことに耳を傾ける
2	道徳の基準に違反する部下を指導する
3	倫理的生活を送る
4	部下にとって何が一番良い事かを考えている
5	公正かつ公平な決定を行う
6	信頼できる
7	ビジネスの倫理や価値観を従業員と話し合う
8	倫理的に正しいやり方のお手本を示す
9	結果のみならず，どのように達成したのか道のりも考慮する
10	決定を下す時に「どうすることが正しい事なのか？」を問う

非常にあてはまる（5）〜全くあてはまらない（1）の 5 件法で回答

ってフォロワーの価値を形成するよう，積極的に試みる必要がある。Brown et al.（2005）が想定する倫理的リーダーシップのメカニズムは社会的学習理論（Bandura, 1977, 1986）をベースとしており，モデリングや賞罰による道徳的行動の強化，代理学習などを重視している。

Brown et al.（2005）は，10 項目で構成される倫理的リーダーシップの測定尺度（Ethical Leadership Scale: ELS）を開発しており（表 8-3），ELS がリーダーの正直さ，配慮行動，相互作用的公正，および理想的影響（変革型リーダーシップの 1 要素）と正の関連を示すこと，しかしいずれの概念にも包摂されないことを確認した。また，従来，倫理的要素をもつとされてきた変革型リーダーシップの理想的影響と ELS を説明変数とし，フォロワーが知覚したリーダーの効果性，リーダーへの満足度，フォロワー自身の職務への献身性および問題を報告する積極性などの成果変数との関連を検討したところ，ELS のみが成果変数と有意に関連することが示された。さらに，ELS は社会的望ましさ尺度と有意な関連を示さず，上司（評定対象）と部下（評定者）の特性（ジェンダーや年齢や教育レベル）の類似性とも無関連であることが示された。すなわち，ELS は社会的望ましさによるバイアスや，類似性による好意的評価のバイアスの影響を受けにくいことが示されたのである。ELS が発表された後，公正さ，勢力の共有，役割明確化，対人志向，誠実性，倫理の指導，持続可能性への関心の 7 因子から構成される倫理的リーダーシップの多次元尺度（Kalshoven,

Den Hartog, & De Hoogh, 2011）も提唱されているが，現在までのところ最も
よく使用されている尺度は ELS である（Ng & Feldman, 2015）。そこで，ここ
では ELS を用いた研究に焦点を絞って取り上げる。

　ELS を用いたこれまでの研究において，倫理的リーダーシップは，課題の
重要性を高めることによってフォロワーの努力を促進し，その結果，組織市民
行動と課題パフォーマンスを高めること（Piccolo, Greenbaum, den Hartog, &
Folger, 2010），特に人的資源管理が不十分な場合にフォロワーのウェルビーイ
ングを高め，ウェルビーイングは援助行動を促進すること（Kalshoven & Boon,
2012），フォロワーの情緒的消耗感を直接的に，また集団凝集性を高めることを
通して間接的に低減すること（Zheng, Witt, Waite, David, van Driel, McDonald,
Callison, & Crepeau, 2015），倫理的風土の創出を媒介して従業員の職務満足と
情緒的組織コミットメントを高めること（Neubert, Carlson, Kacmar, Roberts,
& Chonko, 2009）などが示されている。これらの知見から，管理者が倫理的リ
ーダーシップを発揮している企業は業績が良好であることが予想される。実際，
ELS ではない他の尺度を用いた研究ではあるが，CEO の倫理的リーダーシッ
プが倫理的組織文化を媒介して企業業績を高める効果をもつことが示されてい
る（Eisenbeiss, van Knippenberg, & Fahrbach, 2015）。

　Steinbauer, Renn, Taylor, & Njoroge（2014）は，メンターの ELS とそのプ
ロテジェの道徳判断との関連を検討した。大学生参加者が自分のメンターの
ELS を評定するとともに，提示されたシナリオ場面に含まれるルール違反の程
度を判断した。その結果，メンターの倫理的リーダーシップが参加者の説明責
任の知覚を媒介して倫理に焦点化した自己リーダーシップの程度を高めること，
倫理に焦点化した自己リーダーシップは道徳判断における熟考の程度と交互作
用的に道徳判断に影響を及ぼすことが示された。すなわち，シナリオのルー
ル違反を判断する際に直観ではなく熟考に基づいて判断した参加者ほど，倫理
に焦点化した自己リーダーシップとルール違反の検知との正の関連が強かった
のである。この研究は，上位者の倫理的リーダーシップがフォロワーの倫理性
（倫理の点で自分を律する自己リーダーシップ）を高める機能をもつこと，また
倫理性の高いフォロワーほど熟考した場合にルール違反などを検知しやすくな
ることを示唆している。

その他に，上司の倫理的リーダーシップは部下の組織に対する情緒的コミットメントを媒介して部下の逸脱行動を低減する効果をもつこと，また上司の倫理的リーダーシップと部下の組織に対する情緒的コミットメントとの関連は，業績の点で評判の良い上司をもつ部下ほど強いことが示されている（Neves & Story, 2015）。また，上司の倫理的リーダーシップは，上司の理想的影響，対人的公正，および情報的公正を統制してもなお，ユニットの非倫理的行動および関係葛藤の程度と負の関連を示すこと（Mayer, Aquino, Greenbaum, & Kuenzi, 2012），倫理的リーダーシップは仕事負荷の低減と職場環境の改善を介していじめを低減すること（Stouten, Baillien, Van den Broeck, Camps, De Witte, & Euwema, 2010），倫理的リーダーシップは倫理的風土の創出を通して従業員のルール違反や不品行を低減すること（Mayer, Kuenzi, & Greenbaum, 2010）などが示されている。

　これらの知見から考えると，倫理的リーダーシップは従業員を倫理的にするという本来の機能を十分に果たすだけでなく，組織コミットメントや生産性など「副産物」とも言うべきポジティブな効果をもつことになり，良いことずくめのリーダーシップであるように思えるかもしれない。しかし，一方で，そのような結論を躊躇させる知見もある。Detert, Trevinõ, Burris, & Andiappan（2007）は，大手レストランチェーンの従業員を対象として調査を行い，店長の倫理的リーダーシップ，虐待的監督，および各店舗における従業員数に対する管理者比率が従業員の反生産的行動（i.e., food loss），営業利益，および顧客満足度に及ぼす効果を検討している。調査 2 か月前の反生産的行動，営業利益，および顧客満足度を統計的に統制したうえで検討したところ，虐待的監督と管理者比率は反生産的行動に影響しており，反生産的行動を介して間接的に顧客満足度にも影響していたが，倫理的リーダーシップはどの従属変数にも有意な影響を及ぼしていなかった。この原因について著者らは，レストランという低賃金・低熟練業務のため，管理者の倫理性よりも勤務条件や寛大な処遇の方が従業員の態度や行動に強く影響した可能性，および従業員が直面する倫理問題は比較的単純明快であり，倫理的リーダーシップはむしろもっと曖昧な倫理問題に直面する環境下で有効に機能する可能性の点から考察している。

　また，倫理的リーダーシップの効果は線形ではなく非線形（逆 U 字型）で

あることも指摘されている。あまりに倫理基準の高すぎるリーダーは，部下に「そのレベルには到達できない」と感じさせ，リーダーから非難を受けるという知覚を導く可能性がある。社会的交換理論の見地から考えると，リーダーから倫理的非難を受けると考えるフォロワーは，組織市民行動のような自発的援助行動を控えることによってバランスを保とうとするかもしれない。このような予測に基づいて3つの調査と1つの実験を行った Stouten, van Dijke, Mayer, De Cremer, & Euwema（2013）は，倫理的リーダーシップは従業員の逸脱行動に対しては直線的な負の関連を示すが，組織市民行動に対しては逆U字型の関連を示しており，しかもその逆U字型の関連は道徳的非難の知覚によって説明されることを示している。また，中国の組織成員を対象とした調査によって，倫理的リーダーシップと非倫理的向組織行動（組織やメンバーの効果的な機能を促進しようとして，社会的価値や法や適切な行為の標準を侵害する行為）の間に逆U字の関連が見出されている（Miao, Newman, Yu, & Xu, 2013）。

　このように，倫理的リーダーシップは部下を倫理的にすることがおおむね一貫して示されているが，その効果は倫理的リーダーシップが強ければ強いほど有効という単純なものではないようである。また，部下の倫理的行動の種類によって倫理的リーダーシップの効果が異なる可能性も示唆される。ELS のいくつかの項目には「道徳」や「倫理」という言葉が含まれているが，その具体的な内容は明記されていないため，どのような文化や組織でも，その文脈において「倫理的」と判断される行為をリーダーが体現しているかどうかを問うものになっている。すなわち，ELS を用いた研究知見は，「フォロワーがリーダーの行為や態度を『倫理的』と判断することの効果」を検討したものと言える。このことによって，ELS は組織や文化を問わず使用できる汎用性の高い尺度になっている反面，その文脈で具体的にどのような行動が「倫理的である」と判断されているのかは不明となっている。そのため，「倫理的であること」が当該文脈でどのような意味をもつかによって結果が異なる可能性があると考えられる。実際，ELS の日本語版を使用して上司の倫理的リーダーシップと部下の倫理意識との関連を検討した渡邊（2010）は，両者の間に有意な相関を見出していない。

3.　まとめとパースペクティブ

　本章では，破壊的リーダーシップとリーダーの倫理性に関する研究を概観した。この領域では多くの興味深い知見が蓄積されつつあるが，全体的にはまだ発展途上である。今後は，特に次のような視座に基づく研究が必要であると考えられる。

［1］「暴君タイプ」以外の破壊的リーダーシップに関する研究

　第1節で述べたように，現状ではEinarsen et al.（2007）の2次元モデルにおける「暴君的リーダーシップ」に関する研究が最も多い。確かに，パワーハラスメントが横行している現状では，暴君タイプの研究は非常に重要である。しかし，実際の組織では暴君タイプのリーダーはあまり多くなく，その他の破壊的リーダーシップの方が一般的であることも示されている（Aasland et al., 2010）。特に，支持的で不実なリーダーシップは，従来のリーダーシップ研究法でよく用いられる「部下によるリーダー評価」という方法だけでは明らかにならない可能性が高い。このような破壊性は，部下自身からは気づかれにくいがゆえに，これまで看過されてきたと考えられる。また，従来は生産性の点で有効とされてきたリーダーシップが，従業員の健康や倫理性の点では破壊的な効果をもち得るというケースも考えられるかもしれない。たとえば，王・坂田・清水（2016）は，変革型リーダーシップがチャレンジ・ストレッサーを高めることによって，従業員のストレス反応を高める効果を有することを明らかにしている。今後は，生産性の点で従来は有効とされてきたリーダーシップの再検討も含め，暴君タイプ以外のさまざまな破壊的リーダーシップの影響と，その先行要因や抑制要因について検討される必要がある。

［2］リーダー，フォロワー，および環境の交互作用効果のさらなる解明

　破壊的リーダーシップの有害なトライアングル・モデル（Padilla et al., 2007）が示すように，リーダーの破壊性や倫理性は，リーダー自身だけでなく，フォロワーや状況要因にも規定されると考えられる。しかし，これらの要因を

考慮した研究はそれほど多くない。特に，リーダーや管理者という役割に付随する要因（勢力，目標達成の重要度，業績圧力，多忙による認知資源の枯渇など）がリーダーの破壊的・倫理的行動に及ぼす効果については，さらに探究される必要があると考えられる。

［3］道徳的直観を考慮したリーダーの意思決定・行動プロセスの解明

　第2節で概観したように，リーダーの意思決定や行動は，道徳的直観と熟考の2つのプロセスによって規定されると考えられる。従来のKohlberg（1969）やRest（1986）をベースとした研究は，暗黙のうちに熟考が倫理的判断を促進することを想定しているが，熟考が必ずしもリーダーの判断を倫理的にするとは限らず，却って非倫理的な判断や行動を助長する可能性も示されている（Zhong, 2011）。今後は，リーダーのどのようなビジネス観が道徳的直観として機能し得るのかを明らかにしたうえで，直観と熟考がどのような条件下で倫理的もしくは非倫理的判断や行動をもたらすのか，そのプロセスが明らかにされる必要がある。

［4］倫理的リーダーシップの具体的内容と，その効果のさらなる解明

　倫理的リーダーシップ尺度（Brown et al., 2005）を用いた諸研究からは，「フォロワーがリーダーの行為や態度を『倫理的』と認知すること」がフォロワーを倫理的にする効果をもつことが概ね示されていると言ってよい。しかし，この「倫理性」の内容が具体的にどのようなものなのかは明らかになっていない。文化や組織の業種，または組織風土などによって，同一の行動に対する倫理性の認知が異なることも十分に考えられる。具体的にどのような行動や考え方が「倫理的」なのかが明らかにならない限り，現場のリーダーが倫理的リーダーシップを開発することは困難であろう。また，倫理的リーダーシップの逆U字効果を示唆する研究があることを考慮すると，リーダー自身が倫理的な人物であり，倫理性をフォロワーに教育することが，必ずしも肯定的な効果を生むとは限らない可能性もある。現在は多くの研究がBrown et al.（2005）の概念をベースとしているが，Brown et al.（2005）の倫理的リーダーシップ概念の効果を詳細に検討したうえで，さらに新たな倫理的リーダーシップ概念が提案され

る余地もあると考えられる。

　生産性を上げるだけでなく，組織を倫理的に保つことは，多くの組織にとっ
て非常に重要な課題である。この領域の研究のさらなる進展が望まれる。

引用文献

Aasland, M. S., Skogstad, A., Notelaers, G., Nielsen, M. B., & Einarsen, S. (2010). The prevalence of destructive leadership behaviour. *British Journal of Management, 21*, 438-452.

Aquino, K., & Thau, S. (2009). Workplace victimization: Aggression from the target's perspective. *Annual Review of Psychology, 60* (1), 717-741.

Aquino, K. F., & Reed, A. I. I. (2002). The self-importance of moral identity. *Journal of Personality and Social Psychology, 83*, 1423-1440.

Ashforth, B. E. (1994). Petty tyranny in organizations. *Human Relations, 47*, 755-778.

Ashforth, B. E. (1997). Petty tyranny in organizations: A preliminary examination of antecedents and consequences. *Canadian Journal of Administrative Sciences, 14*, 126-140.

Bandura, A. (1977). *Social learning theory*. Englewood Cliffs, NJ: Prentice-Hall.

Bandura, A. (1986). *Social foundations of thought and action*. Englewood Cliffs, NJ: Prentice-Hall.

Bargh, J. A. (1997). The automaticity of everyday life. In R. S. Wyer Jr. (Ed.), *The automaticity of everyday life: Advances in social cognition* (Vol.10, pp.1-61). Mahwah, NJ: Erlbaum.

Blake, R. R., & Mouton, J. S. (1964). *The managerial grid*. Houston, TX: Gulf.

Bligh, M., Kohles, J. C., Pearce, C. L., Justin, J. E., & Stovall, J. F. (2007). When the romance is over: Follower perspectives of aversive leadership. *Applied Psychology: An International Review, 56*, 528-557.

Brown, M. E., & Trevino, L. K. (2006). Ethical leadership: A review and future directions. *Leadership Quarterly, 17*, 595-616.

Brown, M. E., Trevino, L. K., & Harrison, D. A. (2005). Ethical leadership: A social learning perspective for construct development and testing. *Organizational Behavior and Human Decision Processes, 97*, 117-134.

Cohen, T. R., Panter, A. T., Turan, N., Morse, L., & Kim, Y. (2014). Moral character in the workplace. *Journal of Personality and Social Psychology, 107*, 943-963.

Collins, M., & Jackson, M. (2015). A process model of self-regulation and leadership: How attentional resource capacity and negative emotions influence constructive and destructive leadership. *Leadership Quarterly, 26*, 386-401.

Craft, J. L. (2013). A review of the empirical ethical decision-making literature: 2004-2011. *Journal of Business Ethics, 117*, 221-259.

Detert, J. R., Treviño, L. K., Burris, E. R., & Andiappan, M. (2007). Managerial modes of influence and counterproductivity in organizations: A longitudinal business-unit-level investigation. *Journal of Applied Psychology, 92*, 993-1005.

DeWall, C. N., Baumeister, R. F., Mead, N. L., & Vohs, K. D. (2011). How leaders self-regulate their task performance: Evidence that power promotes diligence, depletion, and disdain. *Journal of Personality and Social Psychology, 100* (1), 47-65.

Duckitt, J. (2001). A dual-process cognitive-motivational theory of ideology and prejudice. In M. P. Zanna (Ed.), *Advances in experimental social psychology* (Vol. 33, pp.41-113). San Diego, CA: Academic Press.

Duffy, M. K., Ganster, D. C., & Pagon, M. (2002). Social undermining in the workplace. *Academy of Management Journal, 45*, 331-351.

Einarsen, S., Aasland, M. S., & Skogstad, A. (2007). Destructive leadership behaviour: A definition and conceptual model. *Leadership Quarterly, 18*, 207-216.

Eisenbeiss, S. A., van Knippenberg, D., & Fahrbach, C. M. (2015). Doing well by doing good? Analyzing the relationship between CEO ethical leadership and firm performance. *Journal of Business Ethics, 128*, 635-651.

Ford, R. C., & Richardson, W. D. (1994). Ethical decision-making: A review of the empirical literature. *Journal of Business Ethics, 13*, 205-221.

Greenwald, A. G., McGhee, D. E., & Schwartz, J. L. K. (1998). Measuring individual differences in implicit cognition: The Implicit Association Test. *Journal of Personality and Social Psychology, 74*, 1464-1480.

Greenwald, A. G., Uhlmann, E. L., Poehlman, T. A., & Banaji, M. R. (2009). Understanding and using the Implicit Association Test: III: Meta-analysis of predictive validity. *Journal of Personality and Social Psychology, 97*, 17-41.

Haidt, J. (2001). The emotional dog and its rational tail: A social intuitionist approach to moral judgment. *Psychological Review, 108*, 814-834.

Haidt, J. (2007). The new synthesis in moral psychology. *Science, 316* (5827), 998-1002.

Haidt, J., Koller, S. H., & Dias, M. G. (1993). Affect, culture, and morality, or is it wrong to eat your dog? *Journal of Personality and Social Psychology, 65*, 613-628.

Hogan, R., Curphy, G. J., & Hogan, J. (1994). What we know about leadership: Effectiveness and personality. *American Psychologist, 49*, 493-504.

House, R. J., & Howell, J. M. (1992). Personality and charismatic leadership. *Leadership Quarterly, 3* (2), 81-108.

Hoyt, C. L., & Price, T. (2015). Ethical decision making and leadership: Merging social role and self-construal perspectives. *Journal of Business Ethics, 126*, 531-539.

Hoyt, C. L., Price, T., & Poatsy, L. (2013). The social role theory of unethical leadership. *Leadership Quarterly, 24* (5), 712-723.

Joosten, A., van Dijke, M., Van Hiel, A., & De Cremer, D. (2014). Being "in control" may make you lose control: The role of self-regulation in unethical leadership behavior. *Journal of Business Ethics, 121* (1), 1-14.

Judge, T. A., Piccolo, R. F., & Kosalka, T. (2009). The bright and dark sides of leader traits: A review and theoretical extension of the leader trait paradigm. *Leadership Quarterly, 20,* 855-875.

Kalshoven, K., & Boon, C. T. (2012). Ethical leadership, employee well-being, and helping: The moderating role of human resource management. *Journal of Personnel Psychology, 11,* 60-68.

Kalshoven, K., Den Hartog, D. N., & De Hoogh, A. H. B. (2011). Ethical Leadership at Work Questionnaire (ELW): Development and validation of a multidimensional measure. *Leadership Quarterly, 22,* 51-69.

Kohlberg, L. (1969). Stage and sequence: The cognitive-developmental approach to socialization. In D. A. Goslin (Ed.), *Handbook of socialization theory and research.* Chicago, IL: Rand McNally.

Leavitt, K., & Aquino, K. (2015). Good without knowing it: Subtle contextual cues can activate moral identity and reshape moral intuition. *Journal of Business Ethics, 137* (4), 785-800.

Lin, W., Wang, L., & Chen, S. (2013). Abusive supervision and employee well-being: the moderating effect of power distance orientation. *Applied Psychology: An International Review, 62* (2), 308-329.

Lipman-Blumen, J. (2004). *The allure of toxic leaders: Why we follow destructive bosses and corrupt politicians-and how we can survive them.* New York: Oxford University Press.

Loe, T. W., Ferrell, L., & Mansfield, P. (2000). A review of empirical studies assessing ethical decision-making in business. *Journal of Business Ethics, 25,* 185-204.

Maner, J. K., & Mead, N. L. (2010). The essential tension between leadership and power: When leaders sacrifice group goals for the sake of self-interest. *Journal of Personality and Social Psychology, 99* (3), 482-497.

Marquardt, N. (2010). Implicit mental processes in ethical management behavior. *Ethics and Behavior, 20* (2), 128-148.

Mayer, D. M., Aquino, K., Greenbaum, R. L., & Kuenzi, M. (2012). Who displays ethical leadership, and why does it matter? An examination of antecedents and consequences of ethical leadership. *Academy of Management Journal, 55,* 151-171.

Mayer, D. M., Kuenzi, M., & Greenbaum, R. L. (2010). Examining the link between ethical leadership and employee misconduct: The mediating role of ethical climate. *Journal of Business Ethics, 95*, 7-16.

Miao, Q., Newman, A., Yu, J., & Xu, L. (2013). The relationship between ethical leadership and unethical pro-organizational behavior: Linear or curvilinear effects? *Journal of Business Ethics, 116*, 641-653.

Neubert, M. J., Carlson, D. S., Kacmar, K. M., Roberts, J. A., & Chonko, L. B. (2009). The virtuous influence of ethical leadership behavior: Evidence from the field. *Journal of Business Ethics, 90*, 157-190.

Neves, P., & Story, J. (2015). Ethical leadership and reputation: Combined indirect effects on organizational deviance. *Journal of Business Ethics, 127*, 165-176.

Ng, T. W. H., & Feldman, D. C. (2015). Ethical leadership: Meta-analytic evidence of criterion-related and incremental validity. *Journal of Applied Psychology, 100* (3), 948-965.

O'Connor, J. A., Mumford, M. D., Clifton, T. C., Gessner, T. E., & Connelly, M. S. (1995). Charismatic leaders and destructiveness: An historiometric study. *Leadership Quarterly, 6*, 529-555.

O'Fallon, M. J., & Butterfield, K. D. (2005). A review of the empirical ethical decision-making literature: 1996-2003. *Journal of Business Ethics, 59*, 375-413.

王 瑋・坂田 桐子・清水 裕士 (2016). 変革型リーダーシップがワークストレスに及ぼす影響に関する検討　産業・組織心理学研究, *29* (2), 103-112.

Padilla, A., Hogan, R., & Kaiser, R. B. (2007). The toxic triangle: Destructive leaders, susceptible followers, and conducive environments. *Leadership Quarterly, 18*, 176-194.

Pearce, C. L., & Sims, H. P. (2002). The relative influence of vertical vs. shared leadership on the longitudinal effectiveness of change management teams. *Group Dynamics, 6*, 172-197.

Piccolo, R. F., Greenbaum, R., den Hartog, D. N., & Folger, R. (2010). The relationship between ethical leadership and core job characteristics. *Journal of Organizational Behavior, 31*, 259-278.

Pratto, F., Sidanius, J., Stallworth, L. M., & Malle, B. F. (1994). Social dominance orientation: A personality variable predicting social and political attitudes. *Journal of Personality and Social Psychology, 67*, 741-763.

Rai, T. S., & Fiske, A. P. (2011). Moral psychology is relationship regulation: Moral motives for unity, hierarchy, equality, and proportionality. *Psychological Review, 118*, 57-75.

Rest, J. R. (1986). *Moral development: Advances in research and theory.* New York: Praeger.

Rest, J., Cooper, D., Coder, R., Masanz, J., & Anderson, D. (1974). Judging the important issues in moral dilemmas: An objective measure of development. *Developmental Psychology, 10*, 491-501.

Reynolds, S. J., Leavitt, K., & DeCelles, K. A. (2010). Automatic ethics: The effects of implicit assumptions and contextual cues on moral behavior. *Journal of Applied Psychology, 95* (4), 752-760.

Rosenthal, S. A., & Pittinsky, T. L. (2006). Narcissistic leadership. *Leadership Quarterly, 17*, 617-633.

Schriesheim, C. A., & Neider, L. L. (2010). Abusive and supportive leadership: Two sides of the same coin? In L. L. Neider & C. A. Schriesheim (Eds.), *The "dark" side of management*. NC: IAP Information Age Publishing.

Schyns, B., & Schilling, J. (2013). How bad are the effects of bad leaders? A meta-analysis of destructive leadership and its outcomes. *Leadership Quarterly, 24* (1), 138-158.

Son Hing, L. S., Bobocel, D. R., Zanna, M., & McBride, M. V. (2007). Authoritarian dynamics and unethical decision making: High social dominance orientation leaders and high right-wing authoritarianism followers. *Journal of Personality and Social Psychology, 92*, 67-81.

Steinbauer, R., Renn, R. W., Taylor, R. R., & Njoroge, P. K. (2014). Ethical leadership and followers' moral judgment: The role of followers' perceived accountability and self-leadership. *Journal of Business Ethics, 120*, 381-392.

Stenmark, C. K., & Mumford, M. D. (2011). Situational impacts on leader ethical decision-making. *Leadership Quarterly, 22*, 942-955.

Stouten, J., Baillien, E., Van den Broeck, A., Camps, J., De Witte, H., & Euwema, M. (2010). Discouraging bullying: The role of ethical leadership and its effects on the work environment. *Journal of Business Ethics, 95*, 17-27.

Stouten, J., van Dijke, M., Mayer, D. M., De Cremer, D., & Euwema, M. C. (2013). Can a leader be seen as too ethical? The curvilinear effects of ethical leadership. *Leadership Quarterly, 24*, 680-695.

Tepper, B. J. (2000). Consequences of abusive supervision. *Academy of Management Journal, 43*, 178-190.

Tepper, B. J., Duffy, M. K., Henle, C. A., & Lambert, L. S. (2006). Procedural injustice, victim precipitation, and abusive supervision. *Personnel Psychology, 59*, 101-123.

東京海上日動リスクコンサルティング株式会社 (2012). 平成24年度厚生労働省委託事業 職場のパワーハラスメントに関する実態調査報告書

渡邊 幹代 (2010). 倫理的リーダーシップの心理学的研究—倫理的リーダーシップ尺度日本語版 (ELS-J) の開発と要因の検討— 日本大学大学院総合社会情報研究科人間科学専攻修士論文

Zhang, Y., & Bednall, T. C. (2015). Antecedents of abusive supervision: A meta-analytic review. *Journal of Business Ethics, 139* (3), 455-471.

Zheng, D., Witt, L. A., Waite, E., David, E. M., van Driel, M., McDonald, D. P., Callison, K. R., & Crepeau, L. J. (2015). Effects of ethical leadership on emotional exhaustion in high moral intensity situations. *Leadership Quarterly, 26* (5), 732-748.

Zhong, C. B. (2011). The ethical dangers of deliberative decision making. *Administratively Science Quarterly, 56,* 1-25.

人名索引

事項索引

■著者一覧（五十音順，＊は編者）

池田　浩（いけだ・ひろし）
　九州大学大学院人間環境学研究院准教授
　担当：第3章，第5章

鎌田雅史（かまだ・まさふみ）
　就実短期大学幼児教育学科准教授
　担当：第1章

高口　央（こうぐち・ひろし）
　流通経済大学社会学部准教授
　担当：第2章，第6章

坂田桐子（さかた・きりこ）＊
　広島大学大学院総合科学研究科教授
　担当：序章，第7章，第8章

山浦一保（やまうら・かずほ）
　立命館大学スポーツ健康科学部教授
　担当：第4章

社会心理学におけるリーダーシップ研究のパースペクティブⅡ

2017年11月20日　初版第1刷発行　（定価はカヴァーに表示してあります）

編　者　坂田桐子
発行者　中西　良
発行所　株式会社ナカニシヤ出版
〒606-8161　京都市左京区一乗寺木ノ本町15番地
Telephone　075-723-0111
Facsimile　075-723-0095
Website　http://www.nakanishiya.co.jp/
E-mail　iihon-ippai@nakanishiya.co.jp
郵便振替　01030-0-13128

印刷・製本＝創栄図書印刷
Copyright © 2017 by K. Sakata
Printed in Japan.
ISBN978-4-7795-1215-5

◎本書のコピー，スキャン，デジタル化等の無断複製は著作権法上での例外を除き禁じられています。本書を代行業者等の第三者に依頼してスキャンやデジタル化することはたとえ個人や家庭内の利用であっても著作権法上認められておりません。